Rund um Aufklärung

Kopiervorlagen für den Deutschunterricht in der Oberstufe

Erarbeitet von
Benedikt Engels, Christian Rühle
und Christoph Schappert

Redaktion: Dirk Held, Ottobrunn

Illustration: Henriette von Bodecker, Berlin
Umschlagfoto: Interfoto / Sammlung Rauch
Umschlaggestaltung: Ungermeyer, Berlin
Technische Umsetzung: FKW, Berlin

www.cornelsen.de

Dieses Werk berücksichtigt die Regeln der reformierten Rechtschreibung und Zeichensetzung. Bei den mit R gekennzeichneten Texten haben die Rechteinhaber einer Anpassung widersprochen.

Die Webseiten Dritter, deren Internetseiten in diesem Lehrwerk angegeben sind, wurden vor Drucklegung sorgfältig geprüft. Der Verlag übernimmt keine Gewähr für die Aktualität und den Inhalt dieser Seiten oder solcher, die mit ihnen verlinkt sind.

1. Auflage, 1. Druck 2015

Alle Drucke dieser Auflage sind inhaltlich unverändert und können im Unterricht nebeneinander verwendet werden.

© 2015 Cornelsen Schulverlage GmbH, Berlin

Das Werk und seine Teile sind urheberrechtlich geschützt.
Jede Nutzung in anderen als den gesetzlich zugelassenen Fällen bedarf der vorherigen schriftlichen Einwilligung des Verlages.
Hinweis zu den §§ 46, 52a UrhG: Weder das Werk noch seine Teile dürfen ohne eine solche Einwilligung eingescannt und in ein Netzwerk eingestellt oder sonst öffentlich zugänglich gemacht werden.
Dies gilt auch für Intranets von Schulen und sonstigen Bildungseinrichtungen.

Druck: H. Heenemann, Berlin

ISBN 978-3-464-61176-0

PEFC zertifiziert
Dieses Produkt stammt aus nachhaltig bewirtschafteten Wäldern und kontrollierten Quellen.
www.pefc.de

Inhaltsverzeichnis

Übersicht: Themen, Texte, Aufgaben 5
Vorwort und methodische Hinweise 8

Rund um Aufklärung: Philosophie, Epoche, Gesellschaft

Was ist Aufklärung? – Ein Definitionsversuch	Wörterbuch- und Lexikonartikel auswerten	9
Immanuel Kant: Was ist Aufklärung?	einen philosophischen Grundlagentext erschließen	10
Gotthold Ephraim Lessing – Was ist Wahrheit?	sich mit dem Wahrheitsbegriff auseinandersetzen	12
Christoph Martin Wieland – Ein Fragebogen zur Aufklärung	Ideen und Aspekte der Aufklärung erarbeiten und bewerten	13
Die Erziehung des Menschengeschlechts?	das Geschichtsbild der Aufklärung bestimmen und kritisch diskutieren	16
Was wollte Knigge?	Intentionen erkennen und erläutern	18
Aufklärung, Empfindsamkeit und Sturm und Drang	literarische Strömungen unterscheiden	20
Gesellschaftskritik	Kritik an der Ständegesellschaft anhand einer Fabel erschließen	22
Bürgertum und Adel	das bürgerliche Selbstverständnis verstehen	24
Adlige und bürgerliche Sexualmoral	Moral anhand des bürgerlichen Trauerspiels diskutieren	25
Über falsch verstandene Aufklärung	Macht- und Abhängigkeitsverhältnisse reflektieren	26

Die Literatur der Aufklärung: Theorie und Praxis

Georg Christoph Lichtenberg: Aphorismen	Texte rekonstruieren, deuten und schreiben	28
Religionskritik in den Aphorismen Lichtenbergs	religionskritische Ansätze diskutieren	30
Das Epigramm – Pfeile statt Speere	das Epigramm definieren und schreiben; Dichter vorstellen	31
Gedichte der Anakreontik und der Aufklärung	Texte ergänzen, analysieren und szenisch umsetzen	33
Die Aufgabe der Literatur	Lessings Literaturverständnis ergründen und problematisieren	35
Christian Fürchtegott Gellert: Vom Nutzen der Fabel	einen Text ergänzen und Stellung nehmen	36
Gotthold Ephraim Lessing – Fabeln in den Schulen	Äsops und Lessings Fabeln vergleichen; Texte umschreiben	38
Eine Fabel gestaltend interpretieren	Fabeln szenisch spielen; einen Perspektivwechsel vornehmen; alternative Handlungsentwürfe verfassen; einen Brief an den Autor schreiben	41
Staatskritik in Fabeln	Aktualität erörtern; Absolutismuskritik herausarbeiten	42
Johann Christoph Gottsched – Das aufklärerische Tragödienkonzept vor Lessing	das Konzept erschließen; eine Tragödienhandlung skizzieren und in Gruppenarbeit ausarbeiten	44
Lessings Mitleidstheorie	Theorie und Praxis in Bezug setzen; das Katharsis-Konzept erläutern	46
Lessings Konzept der gemischten Charaktere	die Argumentation nachvollziehen; eine literaturtheoretische Frage erörtern	48

Inhaltsverzeichnis

Emilia Galotti – Ein bürgerliches Trauerspiel	den Handlungsverlauf skizzieren; die Mitleidstheorie anwenden; das Ende kontrovers diskutieren	49
Lessings „Nathan der Weise" – Themen und Konflikte	anhand des Dramenbeginns über den weiteren Handlungsverlauf spekulieren	50
Die Ringparabel – Toleranz und Humanität	einen Grundlagentext der Aufklärung verstehen; Monologe schreiben	51
Lessings Quelle für die Ringparabel	die Gegenwartstauglichkeit von Texten prüfen	55
Blanckenburgs Romantheorie	zur Theorie Stellung nehmen und die Theorie am Textbeispiel prüfen	56
Konfliktlösung im Roman der Aufklärung	Konfliktlösungsmuster untersuchen	58
Werther – Mehr Gefühl geht nicht!	den Werther-Stil analysieren und nachbilden	60
Friedrich Leopold Graf zu Stolberg: Über die Fülle des Herzens	Form und Inhalt analysieren; Aufklärung und Sturm und Drang in Beziehung setzen	62

Die Aufklärung im Spiegel der Kritik: vom 18. Jahrhundert bis zur Gegenwart

Aufgeklärte Kritik an der Aufklärung	zeitgenössische Kritik analysieren	64
Romantische Kritik an der Aufklärung	poetologische und lyrische Texte deuten	65
Goya – Zwei Deutungen	ein Bild deuten; einen Essay nachvollziehen; einen Essay schreiben	67
Heines Kritik an der Aufklärung	ein Gedicht analysieren und deuten	69
Karl Jaspers: Wahre und falsche Aufklärung	Aufklärung nach dem Zweiten Weltkrieg reflektieren	71
Aufklärung und „Neue Romantik"	eine Pro-und-Kontra-Erörterung verfassen	72
Aufklärung im Zeitalter der Information	die Rolle der Informationstechnologie erörtern	73
Der „Kampf der Kulturen" in der Gegenwart	einen Text beurteilen	74
Vernunft und Emotion – Gehirnforschung I	Kants „Kategorischen Imperativ" im Licht neuer wissenschaftlicher Forschungen erörtern	75
Frei, sich seines eigenen Verstandes zu bedienen? – Gehirnforschung II	Bedingungen der Willensfreiheit erörtern	77

Lösungen 79

Übersicht: Themen, Texte, Aufgaben

1: analytisch, deutend, erörternd
2: historisch, biografisch, poetologisch, philosophisch
3: handlungs- und produktionsorientiert

THEMA / AUTOR UND TEXT	TEXTART	1	2	3
Philosophie, Epoche, Gesellschaft				
Ein Definitionsversuch zum Einstieg	Wörterbuchartikel, Lexikonartikel		•	
Immanuel Kant: Was ist Aufklärung?	philosophischer Text	•	•	
Gotthold Ephraim Lessing: Eine Duplik	theologisch-philosophischer Text	•	•	
Christoph Martin Wieland: Sechs Antworten auf sechs Fragen zur Aufklärung	philosophischer Text	•	•	
Gotthold Ephraim Lessing: Die Erziehung des Menschengeschlechts / Günter Grass: Die Rättin	philosophischer Text, Gedicht (Romanauszug)	•	•	•
Adolph Franz Friedrich Freiherr von Knigge: Über den Umgang mit Menschen	fiktives Interview, gesellschaftsethischer Text	•	•	
Friedrich Schiller: Der Verbrecher aus verlorener Ehre	Erzählung, Epochenüberblick: Aufklärung, Empfindsamkeit, Sturm und Drang	•	•	
Gotthold Ephraim Lessing: Die Esel / Originalbeitrag: Das Zeitalter der Aufklärung	Fabel, Sachtext	•	•	
Michael Schäfer: Geschichte des Bürgertums	Sachtext	•	•	
Sara F. Matthews Grieco: Körper, äußere Erscheinung und Sexualität	Sachtext	•	•	•
Jörg Friedrich: Die Feinde der Aufklärung	Kolumne	•	•	
Literatur der Aufklärung: Theorie und Praxis				
Georg Christoph Lichtenberg: Aphorismen	Aphorismen, Information: Aphorismus	•	•	•
Georg Christoph Lichtenberg: Aphorismen (Religionskritik)	Aphorismen	•	•	•
Gotthold Ephraim Lessing: An den Leser / Gottlieb Konrad Pfeffel: Gruß und Gegengruß / Gotthold Ephraim Lessing: Thrax und Stax / Angelus Silesius: Der Tod ist's beste Ding / Abraham Gotthelf Kästner: Das Denkmal / Johann Ludwig Gleim: Ist er ein Mensch? …	Epigramm, Epigramm, Epigramm, Epigramm (Barock), Epigramm, Epigramm, Information: Epigramm	•	•	•
Friedrich von Hagedorn: Die Küsse / Christian Felix Weisse: Doris und Damon / Gotthold Ephraim Lessing: Nix Bodenstrom	Gedicht (Anakreontik), Gedicht (Anakreontik), Gedicht, Information: Anakreontik	•	•	•
Gotthold Ephraim Lessing: Die Nachtigall und die Lerche / Gotthold Ephraim Lessing: Der Besitzer des Bogens	Fabeln	•	•	•

Übersicht: Themen, Texte, Aufgaben

THEMA / AUTOR UND TEXT	TEXTART	1	2	3
Literatur der Aufklärung: Theorie und Praxis (Forts.)				
Christian Fürchtegott Gellert: Vom Nutzen der Fabel Christian Fürchtegott Gellert: Das Pferd und die Bremse	literaturtheoretischer Text, Fabel	•	•	•
Gotthold Ephraim Lessing: Von einem besonderen Nutzen der Fabeln in den Schulen Äsop: Die Frösche verlangen nach einem König Gotthold Ephraim Lessing: Die Wasserschlange Äsop: Löwe, Esel und Fuchs Äsop: Der Löwenanteil	literaturtheoretischer Text, Fabel (Antike), Fabel, Fabel (Antike), Fabel (Antike)	•	•	
Gotthold Ephraim Lessing: Der Rabe und der Fuchs	Fabel	•		•
Gottlieb Konrad Pfeffel: Der Affe und der Löwe Friedrich Karl Freiherr von Moser: Der Löwen- und Tigerbund Gotthold Ephraim Lessing: Der kriegerische Wolf	Fabeln	•	•	•
Johann Christoph Gottsched: Versuch einer Critischen Dichtkunst vor die Deutschen (Tragödienkonzept)	Poetik	•	•	•
Gotthold Ephraim Lessing: Brief an Nicolai vom November 1756 Gotthold Ephraim Lessing: Hamburger Dramaturgie (Mitleidstheorie) Manfred Fuhrmann: Einführung in die Poetik des Aristoteles	Brief (dramaturgische Schrift), Dramaturgie, Sachtext	•	•	
Gotthold Ephraim Lessing: Hamburger Dramaturgie (Konzept der gemischten Charaktere)	Dramaturgie	•	•	
Gotthold Ephraim Lessing: Emilia Galotti	bürgerliches Trauerspiel	•	•	
Gotthold Ephraim Lessing: Nathan der Weise	Drama	•		
Gotthold Ephraim Lessing: Nathan der Weise: Die Ringparabel	Drama	•		•
Giovanni Boccaccio: Die Erzählung von den drei Ringen	Novelle	•		
Christian Friedrich von Blanckenburg: Versuch über den Roman Friedrich Schiller: Der Verbrecher aus verlorener Ehre	literaturtheoretischer Text, Erzählung	•	•	
Christian Fürchtegott Gellert: Leben der schwedischen Gräfin von G***	Roman	•	•	
Johann Wolfgang Goethe: Die Leiden des jungen Werthers	Roman	•		•
Friedrich Leopold Graf zu Stolberg: Über die Fülle des Herzens	poetologischer Text	•	•	

Übersicht: Themen, Texte, Aufgaben

THEMA / AUTOR UND TEXT	TEXTART	1	2	3
Die Aufklärung im Spiegel der Kritik				
Johann Heinrich Zöllner: Der Affe Georg Christoph Lichtenberg: Aphorismus	Fabel, Aphorismus	•	•	
Novalis: Die Christenheit oder Europa Novalis: Fragmente über Poesie Joseph von Eichendorff: Sehnsucht Novalis: Wenn nicht mehr Zahlen und Figuren …	geschichtsphilosophischer Text, ästhetisch-philosophischer Text, Gedicht, Gedicht	•	•	
Günter Grass: Der Traum der Vernunft Francisco de Goya: Die Fantasie, von der Vernunft verlassen …	Essay, Notiz	•		
Heinrich Heine: Der tugendhafte Hund Christian Wolff: Deutscher Moral Friedrich Schiller: Über Anmut und Würde	Gedicht, philosophisch-ethischer Text, philosophischer Text	•	•	
Karl Jaspers: Was aber ist Aufklärung?	philosophischer Text	•	•	
Günter Kunert: Aufklärung I	philosophischer Text	•	•	
Rafael Capurro: Aufklärung am Ende der Moderne	philosophischer Text	•	•	
Samuel P. Huntington: Kampf der Kulturen	politikwissenschaftlicher Text	•	•	
Adelheid Müller-Lissner: Vernunft und Verführung Immanuel Kant: Kategorischer Imperativ	journalistischer Text, philosophischer Text	•	•	
Christian Wolf: Frei oder nicht frei?	journalistischer Text	•	•	

Vorwort und methodische Hinweise

Aus einer Entfernung von über 200 Jahren scheint sich die Epoche der Aufklärung (ca. 1720–1800) auf wenige Köpfe und Werke zu reduzieren. Gotthold Ephraim Lessing, der Dichter des „Nathan", der „Emilia Galotti" und der „Minna von Barnhelm", ist theoretisch wie literarisch bis heute einflussreich und seine Dramen erfreuen sich auf deutschen Bühnen ungebrochener Beliebtheit. Für den philosophischen Gehalt der Epoche steht vor allem der Name Immanuel Kants. Neben Lessings in der Ringparabel entfaltetem Plädoyer für Toleranz und Humanität sind es sein kategorischer Imperativ und sein Aufruf zum mutigen Gebrauch des eigenen Verstandes, die nicht nur das Bild dieser vergangenen Epoche prägen, sondern noch heute als Leitbild „aufgeklärter" demokratischer Gesellschaften dienen. Beiden Autoren räumt das Heft den gebührenden Platz ein. So ist Lessing nicht nur mit Ausschnitten aus zwei seiner Dramen, sondern auch mit Fabeln, Gedichten, literaturtheoretischen und religionskritischen Schriften vertreten.

Selbstverständlich möchte **Rund um Aufklärung** aber ein möglichst breitgefächertes und vielfältiges Bild dieser Epoche bieten. Dazu wird im ersten Teilkapitel – das wichtige Grundlagen zum Verständnis der Epoche legt – z. B. den folgenden Fragen nachgegangen: Was verstanden die Aufklärer selbst unter Aufklärung? Wie veränderte sich die Gesellschaft durch das entstehende Bürgertum? Wie verhielten sich die zeitgleichen literarischen Strömungen „Empfindsamkeit" und „Sturm und Drang" zur Verstandeskultur der Aufklärung?

Das zweite und umfangreichste Kapitel widmet sich dann der Literatur. Vorgestellt und erschlossen werden Aphorismen, Epigramme, Gedichte der Anakreontik im Vergleich zum Gedicht der Aufklärung, Fabeln, Erzählungen, Dramen und Romane. All diese Textformen werden jeweils auf ihren spezifisch aufklärerischen Gehalt hin befragt und meist auch im Kontext poetologischer oder programmatischer Texte gedeutet.

Das dritte Teilkapitel schließlich lässt kritische Stimmen zu Wort kommen. Chronologisch geordnet führt es über viele Stationen von den Bedenken der Zeitgenossen bis hin zu den Einsprüchen der aktuellen Gehirnforschung.

Einen schnellen Überblick über den Aufbau von **Rund um Aufklärung** können Sie sich mit Hilfe der Matrix auf den Seiten 5 bis 7 verschaffen. Themen, Texte, Textarten und methodische Zugänge sind hier übersichtlich dargestellt.

Prinzipiell lassen sich die Arbeitsblätter unabhängig voneinander bearbeiten, sie können aber auch leicht zu größeren thematischen Lehrgängen zusammengestellt werden. Die Lösungshinweise ermöglichen es den Schülerinnen und Schülern, ihre Arbeitsergebnisse selbstständig zu überprüfen.

Was ist Aufklärung? – Ein Definitionsversuch

Aufgaben

1. Stellen Sie in einem Cluster zusammen, was Sie mit den Begriffen „Aufklärung" und „aufklären" verbinden. Gehen Sie dabei zunächst von der Wortbedeutung aus und entwickeln Sie dann weitere Assoziationen.

2. Die folgenden Definitionen sind unterschiedlichen Nachschlagewerken entnommen:

> ☐ **aufklären** […] jmdn. aufklären: über Zusammenhänge belehren; Unwissenheit, Vorurteile beseitigen, bes. in polit., religiösen, weltanschaul. Fragen; ein Kind über die geschlechtlichen Vorgänge belehren; eine Sache aufklären, die Wahrheit darüber ans Licht bringen, Klarheit darüber schaffen, ihr auf den Grund gehen […] Aufklärung, das Aufklären; Belehrung, Unterrichtung, bes. über polit., weltanschaul., geschlechtl. Fragen, […] Bestreben, das Denken von Vorurteilen zu befreien u. auf Vernunft zu gründen; […] die europäische Geistesbewegung im 18. Jh., die dieses Ziel verfolgte.
>
> *Aus: Bertelsmann Lexikon Verlag, Gütersloh 1966.*

> ☐ **Aufklärung**, historisch-philosophischer und literarischer Epochenbegriff der europäischen Neuzeit. Das Wort A., wohl eine Bildung des späten 17. Jh.s, hat bereits bei Kaspar Stieler neben der meteorologischen die metaphorische Bedeutung: Er spricht von der „Aufklär- und Verbesserung des Verstandes" (1695). Die Lichtmetaphorik, die in dieser säkularisierten Form auch die Begriffsbildung in anderen europäischen Sprachen charakterisiert (*enlightenment, siècle des lumières, illuminismo* u.a.), verweist auf Selbstverständnis und Ziel der Aufklärer: die Überwindung der geistigen Dunkelheit, d.h. die Befreiung des Menschen von der Herrschaft falscher Autoritäten, alter Vorurteile und finstern Aberglaubens in einem Prozess fortschreitender Erkenntnis und Vervollkommnung auf der Basis eines systematischen Vernunftgebrauchs.
>
> *Aus: Reclam Verlag, Stuttgart 1999.*

> ☐ **Aufklärung** nennt man zunächst allgemein geistesgeschichtliche Strömungen, die gegen die Bevormundung des Menschen, gegen Vorurteile und Autoritätsglauben kämpfen und mit vernunftgeleiteten Erkenntnissen die Selbstständigkeit des Menschen fördern. Im Besonderen verbindet man mit dem Begriff eine gesamteuropäische, die vor allem das 18. Jh. beherrschte und einen Umbruch im Denken aller politischen und gesellschaftlichen Bereiche bewirkte.
>
> *Aus: 4. aktualisierte Auflage. Cornelsen Scriptor, Berlin 2008.*

Ordnen Sie den Texten die folgenden Titel zu, indem Sie jeweils den passenden Buchstaben in die Kästchen eintragen.

   A Volker Meid: Sachwörterbuch zur deutschen Literatur (eher für Studenten und Lehrer)
   B Wieland Zirbs (Hrsg.): Literaturlexikon (eher für Schüler)
   C Gerhard Wahrig: Deutsches Wörterbuch

   Begründen Sie Ihre Zuordnung stichwortartig.

3. Ergänzen Sie Ihren Cluster aus Aufgabe 1 mit Informationen aus den Nachschlagewerken. Unterscheiden Sie dabei zwischen Aufklärung in einem allgemeineren Sinn und Aufklärung als Epochenbegriff.

Immanuel Kant: Was ist Aufklärung?

Aufgabe

1. Im Jahr 1784 nimmt der Philosoph Immanuel Kant in der „Berlinischen Monatsschrift" zu der Frage Stellung „Was ist Aufklärung?".
   Notieren Sie, bevor Sie den Text lesen, welche Antwort Kants Sie erwarten.

_____

_____

_____

_____

Immanuel Kant: Beantwortung der Frage: Was ist Aufklärung? (1784)

Immanuel Kant

Aufklärung ist der Ausgang des Menschen aus seiner selbst verschuldeten Unmündigkeit. Unmündigkeit ist das Unvermögen, sich seines Verstandes ohne Leitung eines anderen zu bedienen. *Selbst verschuldet* ist diese Unmündigkeit, wenn die Ursache derselben nicht am Mangel des Verstandes, sondern der Entschließung und des Mutes liegt, sich seiner ohne Leitung eines andern zu bedienen. *Sapere aude*[1]*, Habe Mut, dich deines eigenen Verstandes zu bedienen!* ist also der Wahlspruch der Aufklärung.
Faulheit und Feigheit sind die Ursachen, warum ein so großer Teil der Menschen, nachdem sie die Natur längst von fremder Leitung freigesprochen […], dennoch gerne zeitlebens unmündig bleiben; und warum es anderen so leicht wird, sich zu deren Vormündern aufzuwerfen. Es ist so bequem, unmündig zu sein. Habe ich ein Buch, das für mich Verstand hat, einen Seelsorger, der für mich Gewissen hat, einen Arzt, der für mich die Diät beurteilt usw., so brauche ich mich ja nicht selbst zu bemühen. […]
Zu dieser Aufklärung aber wird nichts erfordert als Freiheit; und zwar die unschädlichste unter allem, was nur Freiheit heißen mag, nämlich die: von seiner Vernunft in allen Stücken *öffentlichen* Gebrauch zu machen. […]
Wenn denn nun gefragt wird: Leben wir jetzt in einem *aufgeklärten* Zeitalter? So ist die Antwort: Nein, aber wohl in einem Zeitalter der *Aufklärung*. Dass die Menschen, wie die Sachen jetzt stehen, im Ganzen genommen, schon imstande wären oder darin auch nur gesetzt werden könnten, in Religionsdingen sich ihres eigenen Verstandes ohne Leitung eines andern sicher und gut zu bedienen, daran fehlt noch sehr viel. Allein, dass ihnen jetzt doch das Feld geöffnet wird, sich dahin frei zu bearbeiten, und die Hindernisse der allgemeinen Aufklärung oder des Ausganges aus ihrer selbst verschuldeten Unmündigkeit allmählich weniger werden, davon haben wir doch deutliche Anzeigen. In diesem Betracht ist dieses Zeitalter das Zeitalter der Aufklärung oder das Jahrhundert *Friedrichs*[2].

Aus: Immanuel Kant: Was ist Aufklärung? Beiträge aus der Berlinischen Monatsschrift. In Zusammenarbeit mit Michael Albrecht ausgewählt, eingeleitet und mit Anmerkungen versehen von Norbert Hinske. Darmstadt: Wissenschaftliche Buchgesellschaft 1973, S. 514 ff.

---

1 Sapere aude!: Wage zu wissen!
2 Friedrich: Friedrich der Große, König von Preußen (Regentschaft 1740–1786)

Fortsetzung von Seite 10 **Immanuel Kant: Was ist Aufklärung?**

Aufgaben

2. Gliedern Sie den Text auf Seite 10 in Abschnitte und formulieren Sie passende Zwischenüberschriften.

3. Überprüfen Sie, ob Sie den Text verstanden haben, indem Sie die richtigen Aussagen markieren. Hintereinander gelesen ergeben die Lösungsbuchstaben den Namen eines berühmten Philosophen.

A	Aufklärung ist eine Befreiung, für die man die Anleitung anderer benötigt.
V	Aufklärung ist eine Befreiung, zu der jeder in der Lage ist.
N	Unfreiheit entsteht, weil wir von anderen unterdrückt werden.
O	Unfreiheit ist meist selbst verschuldet.
L	Unmündig ist vor allem jemand, der nicht selbst denkt.
T	Unmündig ist vor allem jemand, der von anderen am Denken gehindert wird.
S	Faulheit und Feigheit sind oft die Folgen davon, dass man nicht selbst denkt.
T	Faulheit und Feigheit sind oft die Gründe dafür, warum man nicht selbst denkt.
E	Wichtig ist, dass wir gute Bücher lesen und gute Ärzte aufsuchen.
A	Freiheit bedeutet vor allem, sich seiner Vernunft zu bedienen.
I	Gerade in Religionsfragen fällt es Menschen schwer, sich des eigenen Verstandes zu bedienen.
B	Im Zeitalter der Aufklärung ist man schon aufgeklärt.
R	Im Zeitalter der Aufklärung ist man noch nicht restlos aufgeklärt.
E	Kant ist optimistisch, dass die Menschen sich allmählich aus der Unmündigkeit befreien können.
R	Kant sieht noch keine Anzeichen dafür, dass sich die Menschen aus ihrer Unmündigkeit befreien.

4. Diskutieren Sie, in welchen Situationen Menschen noch heute der Mut dazu fehlt, sich ihres eigenen Verstandes zu bedienen.

5. Schreiben Sie einen Brief an Immanuel Kant, in dem Sie auf seine wichtigsten Aussagen eingehen und begründet Stellung zu der Frage nehmen, ob wir heute in einem *„aufgeklärten"* Zeitalter oder in einem *„Zeitalter der Aufklärung"* leben.

Gotthold Ephraim Lessing – Was ist Wahrheit?

Aufgaben

1. Was verstehen Sie unter Wahrheit? Notieren Sie in einem Satz, was Wahrheit für Sie bedeutet, und vergleichen Sie Ihre Definition anschließend mit denen Ihrer Mitschülerinnen und Mitschüler.

___

___

___

___

2. In einem erbittert geführten theologischen Konflikt stritten der Schriftsteller und Wolfenbütteler Bibliothekar Gotthold Ephraim Lessing und der Hamburger Hauptpastor Johann Melchior Goeze darüber, was „Wahrheit" sei. Goeze hatte behauptete, es gäbe „unwidersprechliche" Wahrheiten und meinte damit christliche Glaubensdogmen, also Lehrsätze, die einen Anspruch auf absolute Gültigkeit erheben.
   a) Notieren Sie ein christliches Dogma, das Sie kennen, und erläutern Sie kurz, inwiefern dieses Dogma einen absoluten Wahrheitsanspruch geltend macht.
   b) Formulieren Sie Stichworte für eine Entgegnung Lessings. Welchen Wahrheitsbegriff könnte er vertreten?

3. Lesen Sie Lessings Entgegnung und überprüfen Sie Ihre Annahmen aus Aufgabe 2.

Gotthold Ephraim Lessing: Eine Duplik[1] (1778)

Nicht die Wahrheit, in deren Besitz irgendein Mensch ist oder zu sein vermeinet, sondern die aufrichtige Mühe, die er angewandt hat, hinter die Wahrheit zu kommen, macht den Wert des Menschen. Denn nicht durch den Besitz, sondern durch die Nachforschung der Wahrheit erweitern sich seine Kräfte, worin allein seine immer wachsende Vollkommenheit bestehet. Der Besitz macht ruhig, träge, stolz –

Wenn Gott in seiner Rechten alle Wahrheit und in seiner Linken den einzigen immer regen Trieb nach Wahrheit, obschon mit dem Zusatze, mich immer und ewig zu irren, verschlossen hielte und spräche zu mir: „Wähle!" – Ich fiele ihm mit Demut in seine Linke und sagte: „Vater, gib! Die reine Wahrheit ist ja doch nur für dich allein!"

Aus: Ders.: Werke. Achter Band. Hrsg. von G. Göpfert. Darmstadt: Wissenschaftliche Buchgesellschaft 1996 (Lizenzausgabe), Carl Hanser Verlag München, S. 363.

---
1 Duplik: (veraltet) damals die Bezeichnung für die Gegenerklärung des Beklagten

4. Erläutern Sie Lessings Entgegnung mit eigenen Worten. Was versteht er unter Wahrheit? Inwiefern enthält dieser Wahrheitsbegriff eine Kritik an Glaubensdogmen?

5. Wie könnte Goeze seinerseits auf diese Zeilen Lessings reagiert haben? Schlüpfen Sie in die Rolle des Pastors und nehmen Sie in einem Antwortbrief kritisch Stellung. Arbeiten Sie in Ihrem Heft. **Tipp:** Zitieren Sie aus Lessings Text und gehen Sie auf dessen Wahrheitsbegriff ein.

6. Diskutieren Sie, ob und in welchen Bereichen es heute noch Dogmen gibt.

Christoph Martin Wieland – Ein Fragebogen zur Aufklärung

Aufgaben

1. Der Schriftsteller Christoph Martin Wieland (1733–1813) stellte die folgenden sechs Fragen zur Aufklärung. Formulieren Sie die Antworten.

    1. Was ist Aufklärung?
    2. Über welche Gegenstände kann und muss sich die Aufklärung ausbreiten?
    3. Wo sind die Grenzen der Aufklärung?
    4. Durch welche sicheren Mittel wird sie befördert?
    5. Wer ist berechtigt, die Menschheit aufzuklären?
    6. An welchen Folgen erkennt man die Wahrheit der Aufklärung?

2. In der Tabelle auf den Seiten 13 bis 15 finden Sie links die Antworten, die Wieland selbst gibt. Fassen Sie seine Hauptaussagen in der rechten Spalte knapp zusammen.

Christoph Martin Wieland: Sechs Antworten auf sechs Fragen zur Aufklärung (1784)	Zusammenfassung der Hauptaussagen
1. Was ist Aufklärung? Das weiß jedermann, der vermittelst eines Paares sehender Augen erkennen gelernt hat, worin der Unterschied zwischen Hell und Dunkel, Licht und Finsternis besteht. Im Dunkeln sieht man entweder gar nichts oder wenigstens nicht so klar, dass man die Gegenstände recht erkennen und voneinander unterscheiden kann: Sobald Licht gebracht wird, klären sich die Sachen auf, werden sichtbar und können voneinander unterschieden werden; – doch wird dazu zweierlei notwendig erfordert: 1) dass Licht genug vorhanden sei, und 2) dass diejenigen, welche dabei sehen sollen, weder blind noch gelbsüchtig seien, noch durch irgendeine andere Ursache verhindert werden, sehen zu können oder sehen zu wollen.	
2. Über welche Gegenstände kann und muss sich die Aufklärung ausbreiten? Drollige Frage! Worüber als über sichtbare Gegenstände? Das versteht sich doch wohl, dächte ich; oder muss es den Herren noch bewiesen werden? Nun wohlan! Im Dunkeln (ein einziges löbliches und gemeinnütziges Geschäft ausgenommen) bleibt für ehrliche Leute nichts zu tun, als zu schlafen. Im Dunkeln sieht man nicht, wo man ist, noch wo man hingeht, noch was man tut, noch was um uns her, zumal in einiger Entfernung, geschieht; man läuft Gefahr, bei jedem Schritte die Nase anzustoßen, bei jeder Bewegung etwas umzuwerfen, zu beschädigen oder anzurühren, was man nicht anrühren sollte, kurz, alle Augenblicke Missgriffe und Misstritte zu tun; so dass, wer seine gewöhnlichen Geschäfte im Dunkeln treiben wollte, sie sehr übel treiben würde. Die Anwendung ist kinderleicht. Das Licht des Geistes, wovon hier die Rede ist, ist die Erkenntnis des Wahren und Falschen, des Guten und Bösen. Hoffentlich wird jedermann zugeben, dass es ohne diese Erkenntnis eben so unmöglich ist, die Geschäfte des Geistes recht zu treiben, als es ohne materielles Licht möglich ist,	

Fortsetzung auf Seite 14

Fortsetzung von Seite 13

Christoph Martin Wieland – Ein Fragebogen zur Aufklärung

Sechs Antworten auf sechs Fragen zur Aufklärung (1784)	Zusammenfassung
materielle Geschäfte recht zu tun. Die Aufklärung, d.i., so viel Erkenntnis, als nötig ist, um das Wahre und Falsche immer und überall unterscheiden zu können, muss sich also über alle Gegenstände ohne Ausnahme ausbreiten, worüber sie sich ausbreiten kann, d.i. über alles dem äußern und innern Auge Sichtbare. – Aber es gibt Leute, die in ihrem Werke gestört werden, sobald Licht kommt; es gibt Leute, die ihr Werk unmöglich anders als im Finstern oder wenigstens in der Dämmerung treiben können; – z.B. wer uns schwarz für weiß geben oder mit falscher Münze bezahlen oder Geister erscheinen lassen will, oder auch (was an sich etwas sehr Unschuldiges ist), wer gerne Grillen fängt, Luftschlösser baut und Reisen ins Schlaraffenland oder in die glücklichen Inseln macht, – der kann das natürlicherweise bei hellem Sonnenschein nicht so gut bewerkstelligen als bei Nacht oder Mondschein oder einem von ihm selbst zweckmäßig veranstalteten Helldunkel. Alle diese wackern Leute sind also natürliche Gegner der Aufklärung, und nun und nimmermehr werden sie sich überzeugen lassen, dass das Licht über alle Gegenstände verbreitet werden müsse, die dadurch sichtbar werden können: Ihre Einstimmung zu erhalten, ist also eine pure Unmöglichkeit; sie ist aber, zu gutem Glücke, auch nicht nötig.	
3. Wo sind die Grenzen der Aufklärung? Antwort: Wo bei allem möglichen Lichte nichts mehr zu sehen ist. Die Frage ist eigentlich von gleichem Schlage mit der: Wo ist die Welt mit Brettern zugeschlagen? Und die Antwort ist wirklich noch zu ernsthaft für eine solche Frage.	
4. Durch welche sicheren Mittel wird sie befördert? Das unfehlbarste Mittel, zu machen, dass es heller wird, ist, das Licht zu vermehren, die dunkeln Körper, die ihm den Durchgang verwehren, so viel möglich wegzuschaffen und besonders alle finstern Winkel und Höhlen sorgfältig zu beleuchten, in welchen das No. 2 erwähnte lichtscheue Völkchen sein Wesen treibt. Alle Gegenstände unsrer Erkenntnis sind entweder geschehene Dinge oder Vorstellungen, Begriffe, Urteile und Meinungen. Geschehene Dinge werden aufgeklärt, wenn man bis zur Befriedigung eines jeden unparteiischen Forschers untersucht, ob und wie sie geschehen sind? Die Vorstellungen, Begriffe, Urteile und Meinungen der Menschen werden aufgeklärt, wenn das Wahre vom Falschen daran abgesondert, das Verwickelte entwickelt, das Zusammengesetzte in seine einfachern Bestandteile aufgelöst, das Einfache bis zu seinem Ursprunge verfolgt und überhaupt keiner Vorstellung oder Behauptung, die jemals von Menschen für Wahrheit angegeben worden ist, ein Freibrief gegen die uneingeschränkteste Untersuchung gestattet wird. Es gibt kein anderes Mittel, die Masse der Irrtümer und schädlichen Täuschungen, die den menschlichen Verstand verfinstert, zu vermindern, als dieses, und es kann kein anderes geben. […]	

Fortsetzung auf Seite 15

Fortsetzung von Seite 14

Christoph Martin Wieland –
Ein Fragebogen zur Aufklärung

Sechs Antworten auf sechs Fragen zur Aufklärung (1784)	Zusammenfassung
5. Wer ist berechtigt, die Menschheit aufzuklären? Wer es kann! – „Aber wer kann es?" – Ich antworte mit einer Gegenfrage, wer kann es nicht? Nun, mein Herr? Da stehen wir und sehen einander an? Also, weil kein Orakel da ist, das in zweifelhaften Fällen den Ausspruch tun könnte (und wenn eines da wäre, was hälfe es uns ohne ein zweites Orakel, das uns das erste erklärte?), und weil kein menschliches Tribunal berechtigt ist, sich eine Entscheidung anzumaßen, wodurch es von seiner Willkür abhinge, uns so viel oder wenig Licht zukommen zu lassen, als ihm beliebte: So wird es doch wohl dabei bleiben müssen, dass jedermann – von Sokrates oder Kant bis zum obskursten aller übernatürlich erleuchteten Schneider und Schuster, ohne Ausnahme, berechtigt ist, die Menschheit aufzuklären, wie er kann, sobald ihn sein guter oder böser Geist dazu treibt. [...]	
6. An welchen Folgen erkennt man die Wahrheit der Aufklärung? Antwort: wenn es im Ganzen heller wird; wenn die Anzahl der denkenden, forschenden, lichtbegierigen Leute überhaupt und besonders in der Klasse von Menschen, die bei der Nichtaufklärung am meisten zu gewinnen hat, immer größer, die Masse der Vorurteile und Wahnbegriffe zusehends immer kleiner wird; wenn die Scham vor Unwissenheit und Unvernunft, die Begierde nach nützlichen und edlen Kenntnissen, und besonders, wenn der Respekt vor der menschlichen Natur und ihren Rechten unter allen Ständen unvermerkt zunimmt [...]. Sagt, hab' ich Recht? [...]	

Aus: Christoph Martin Wieland: Sechs Antworten auf sechs Fragen zur Aufklärung. In: Wielands Werke in 4 Bdn. Aufbau Verlag, Berlin u.a. 1969.

Aufgaben

3. Vergleichen Sie Ihre Antworten mit denen Wielands und begründe Sie jeweils:
   - Welche Antwort hat Sie am meisten überrascht?
   - Aus welcher Antwort lernen Sie am meisten?
   - Welcher Antwort stimmen Sie am wenigsten zu?

4. Wieland beendet seinen Text mit einer Frage. Schreiben Sie ihm eine Antwort, in der Sie auf die Aussagen eingehen, die Ihnen am wichtigsten sind. Sie können die Ideen, die Sie in Aufgabe 1 gesammelt haben, einbeziehen. Schreiben Sie in Ihr Heft.

Die Erziehung des Menschengeschlechts?

Gotthold Ephraim Lessing: Die Erziehung des Menschengeschlechts (1780) – Auszug

§ 80 Denn bei dieser Eigennützigkeit des menschlichen Herzens, auch den Verstand nur allein an dem üben wollen, was unsere körperlichen Bedürfnisse betrifft, würde ihn mehr stumpfen als wetzen heißen. Er will schlechterdings an geistigen Gegenständen geübt sein, wenn er zu seiner völligen Aufklärung gelangen und diejenige Reinigkeit des Herzens hervorbringen soll, die uns, die Tugend um ihrer selbst willen zu lieben, fähig macht.

§ 81 Oder soll das menschliche Geschlecht auf diese höchste Stufen der Aufklärung und Reinigkeit nie kommen? Nie?

§ 82 Nie? – Lass mich diese Lästerung nicht denken, Allgütiger! – Die Erziehung hat ihr *Ziel;* bei dem Geschlechte nicht weniger als bei dem Einzeln. Was erzogen wird, wird zu etwas erzogen.

§ 85 Nein; sie wird kommen, sie wird gewiss kommen, die Zeit der Vollendung, da der Mensch, je überzeugter sein Verstand einer immer bessern Zukunft sich fühlet, von dieser Zukunft gleichwohl Bewegungsgründe zu seinen Handlungen zu erborgen, nicht nötig haben wird; da er das Gute tun wird, weil es das Gute ist, nicht weil willkürliche Belohnungen darauf gesetzt sind, die seinen flatterhaften Blick ehedem bloß heften und stärken sollten, die innern bessern Belohnungen desselben zu erkennen.

Aus: Gotthold Ephraim Lessing: Die Erziehung des Menschengeschlechts. In: Lessings Werke. Carl Hanser Verlag, München 1971.

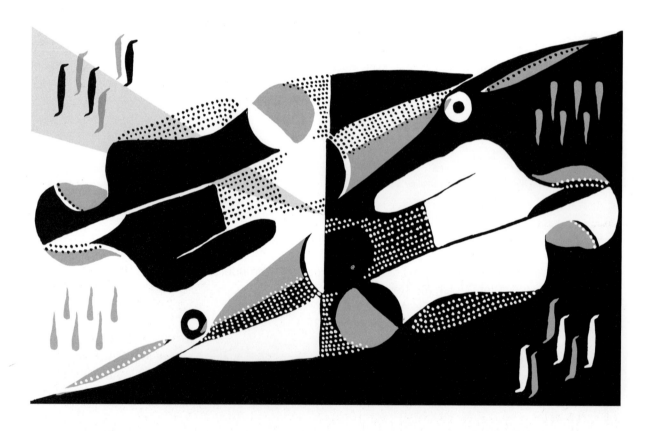

Aufgabe

1. Beschreiben Sie in Ihrem Heft, welches Menschenbild und welches Geschichtsbild hinter Lessings Ausführungen stehen, und führen Sie entsprechende Textstellen an.

Die Erziehung des Menschengeschlechts?

Günter Grass: Die Rättin (1986) – Auszug

Unser Vorhaben hieß: Nicht nur, wie man mit Messer
und Gabel, sondern mit seinesgleichen auch,
ferner mit der Vernunft, dem allmächtigen Büchsenöffner
umzugehen habe, solle gelernt werden
5 nach und nach.

Erzogen möge das Menschengeschlecht sich frei,
jawohl, frei selbstbestimmen, damit es,
seiner Unmündigkeit ledig, lerne, der Natur behutsam,
möglichst behutsam das Chaos
10 abzugewöhnen.

Im Verlauf seiner Erziehung habe das Menschengeschlecht
die Tugend mit Löffeln zu essen, fleißig den Konjunktiv
und die Toleranz zu üben,
auch wenn das schwerfalle
15 unter Brüdern.

Eine besondere Lektion trug uns auf,
den Schlaf der Vernunft zu bewachen,
auf daß jegliches Traumgetier
gezähmt werde und fortan der Aufklärung brav
20 aus der Hand fresse.

Halbwegs erleuchtet mußte das Menschengeschlecht
nun nicht mehr planlos im Urschlamm verrückt spielen,
vielmehr begann es, sich mit System zu säubern.
Klar sprach erlernte Hygiene sich aus: Wehe
25 den Schmutzigen!

Sobald wir unsere Erziehung fortgeschritten nannten,
wurde das Wissen zur Macht erklärt
und nicht nur auf Papier angewendet. Es riefen
die Aufgeklärten: Wehe
30 den Unwissenden!

Als schließlich die Gewalt, trotz aller Vernunft,
nicht aus der Welt zu schaffen war, erzog sich
das Menschengeschlecht zur gegenseitigen Abschreckung.
So lernte es Friedenhalten, bis irgendein Zufall
35 unaufgeklärt dazwischenkam.

Da endlich war die Erziehung des Menschengeschlechts
so gut wie abgeschlossen. Große Helligkeit
leuchtete jeden Winkel aus. Schade, daß es danach
so duster wurde und niemand mehr
40 seine Schule fand. [R]

*Aus: Günter Grass: Die Rättin. Hg. v. Volker Neuhaus.
Steidl Verlag, Göttingen 2003.*

Aufgaben

2. Markieren Sie in dem Gedicht Textstellen, die sich auf Lessing (S. 16) beziehen.

3. Analysieren Sie die stilistischen Mittel, die Günter Grass verwendet. Achten Sie besonders auf grammatikalische Besonderheiten und rhetorische Figuren.

4. Erläutern Sie Günter Grass' Kritik an der Aufklärung. Vergleichen Sie hierbei sein Menschen- und sein Geschichtsbild mit demjenigen Lessings.

Was wollte Knigge?

Fast immer wenn es um gutes Benehmen geht, hört man seinen Namen: Adolph Franz Friedrich Freiherr von Knigge. Geboren wurde er 1752 auf Schloss Bredenbeck bei Hannover, gestorben ist er 1796 in Bremen – und dieser Mensch soll noch heute für unsere Umgangsformen verantwortlich sein?
Im folgenden erdachten Interview räumt er mit den gängigsten Vorurteilen über sich und sein Werk auf.

Adolph Freiherr Knigge

INTERVIEWER: Es freut mich, dass Sie uns zur Verfügung stehen, Freiherr von Knigge...

FREIHERR KNIGGE: Einfach nur „Freiherr Knigge", das adelige „von" beliebte ich bei meinen Schriften immer fortzulassen, das „Freiherr" sollte weiterhin zeigen, dass hier ein freier Geist denkt.

INTERVIEWER: Kommen wir doch gleich zu Ihrem Spezialgebiet: Darf man nach 18 Uhr als feiner Herr braune Schuhe tragen oder in einem noblen Restaurant Fleisch vom Knochen herunternagen?

FREIHERR KNIGGE: Mit Verlaub – selbst wenn ich das wüsste: Das ist keinesfalls mein „Spezialgebiet". Ich habe nichts über Tisch- oder Kleidungsordnungen niedergeschrieben.

INTERVIEWER: Aber es gibt doch den Business-Knigge, den Ess-Knigge, den Job-Knigge. Haben Sie damit nichts zu tun?

FREIHERR KNIGGE: Zu meiner Zeit waren Bücher noch nicht geschützt und so konnte jeder an meinen Werken verändern oder kürzen, wie er wollte. Allein mein Name, „Knigge", wurde für Benimmbücher aller Art weiterverwendet.

INTERVIEWER: Aber was haben Sie denn dann geschrieben?

FREIHERR KNIGGE: Mein Hauptwerk heißt „Über den Umgang mit Menschen" und soll zeigen, wie viel besser es auf der Welt wäre, wenn die Menschen rücksichtsvoll miteinander umgingen. Ich gebe dort konkrete Hilfen, angefangen beim Umgang mit sich selber, über den Umgang mit Fürsten oder geringeren Leuten, bis hin zum Umgang mit Tieren oder Betrunkenen.

INTERVIEWER: Viele sagen: Wer feste Regeln für den Umgang mit Fürsten oder Bauern aufstellt, der sorgt auch dafür, dass der eine immer Bauer bleiben wird, der andere immer Fürst ist. Es kann sich nichts zum Besseren ändern!

FREIHERR KNIGGE: Das war nie meine Absicht. Über die Bauern schreibe ich zum Beispiel: „In den mehrsten Provinzen von Teutschland lebt der Bauer in einer Art von Druck und Sklaverei" und einer meiner Absätze ist überschrieben: „Wer das kann, der bleibe fern von Höfen und großen Zirkeln!" Man hielt mich also eher für einen gefährlichen Revolutionär!

INTERVIEWER: Herr Knigge, wir danken für dieses Gespräch.

Aufgabe

1. Lesen Sie das Interview mit verteilten Rollen.

Fortsetzung von Seite 18

Was wollte Knigge?

Aufgaben

2. Anscheinend ist Knigge oft missverstanden oder sogar verfälscht worden. Stellen Sie die Annahmen über Knigge und Knigges eigentliche Absichten einander gegenüber.

Das denken viele über Knigge …	Das wollte Knigge wirklich …
•	•

3. Erklären Sie, inwiefern Knigges Schriften als Schriften der Aufklärung angesehen werden können.

4. Im Folgenden können Sie einige Zitate aus Knigges berühmtem Buch „Über den Umgang mit Menschen" im Original lesen. Tragen Sie in die Lücken ein, für wen Knigge diese Tipps gegeben hat: *für Sie selbst, für Eheleute, für Verliebte, für Frauenzimmer, für Dorfschulmeister, für Vornehme oder für Tiere.*

Eine weise und gute Wahl bei Knüpfung des wichtigsten Bandes im menschlichen Leben,

die ist freilich das sicherste Mittel, um in der Folge sich Freude und Glück in dem Umgange unter

_____ versprechen zu können.

Es ist wahrlich eine höchst schwere Arbeit, Menschen zu bilden – eine Arbeit, die sich nicht mit

Gelde bezahlen lässt. Der geringste _____, wenn er seine Pflichten treulich

erfüllt, ist eine wichtigere und nützlichere Person im Staate als der Finanzminister.

Huldige nicht mehrern _____ zu gleicher Zeit, an demselben Orte, auf einerlei

Weise, wenn es dir darum zu tun ist, Zuneigung oder Vorzug von einer Einzelnen zu erlangen.

Ich habe immer nicht begreifen können, welche Freude man daran haben kann,

_____ in Käfigen und Kästen einzusperren. Der Anblick eines lebendigen

Wesens, das außerstand gesetzt ist, seine natürlichen Kräfte zu nützen und zu entwickeln,

darf keinem verständigen Manne Freude gewähren.

Mit _____ ist vernünftigerweise gar nicht umzugehn; sie sind so wenig

als andre Betrunkene zur Geselligkeit geschickt; außer ihrem Abgotte ist die ganze Welt tot für sie.

Respektiere _____ wenn du willst, dass andre dich respektieren sollen.

Suche nicht, dir das Ansehn zu geben, als gehörest du zu der Klasse der

_____ oder lebtest wenigstens mit ihnen in engster Vertraulichkeit.

Aus: Adolph Freiherr Knigge: Über den Umgang mit Menschen. Reclam Verlag, Stuttgart 2015.

---

5. Diskutieren Sie, welche Regeln aus Aufgabe 4 Sie heute noch für gültig halten.

6. Konservativer? Revolutionär? Aufklärer? Legen Sie dar, wie Knigge mit seiner Art von Schriften heute wahrgenommen würde.

Aufklärung, Empfindsamkeit und Sturm und Drang

Friedrich Schiller: Der Verbrecher aus verlorener Ehre (1786) – Auszug

Christian Wolf, die Hauptfigur dieser Erzählung, wird durch eine Verkettung unglücklicher Ereignisse zum Verbrecher. Dieser Textauszug erzählt von dem Ereignis, das das Leben des jungen Mannes von Grund auf verändert. Er begegnet dem Mann, der ihm einst seine Geliebte ausgespannt und ihn als Wilddieb angezeigt hat. Nach diesem Vorfall wird er Anführer einer Räuberbande.

Eines Morgens hatte ich nach meiner Gewohnheit das Holz durchstrichen, die Fährte eines Hirsches zu verfolgen. Zwei Stunden hatte ich mich vergeblich ermüdet, und schon fing ich an, meine Beute verloren zu geben, als ich sie auf einmal in schussgerechter Entfernung entdecke. Ich will anschlagen und abdrücken – aber plötzlich erschreckt mich der Anblick eines Hutes, der wenige Schritte vor mir auf der Erde liegt. Ich forsche genauer und erkenne den Jäger Robert, der hinter dem dicken Stamm einer Eiche auf eben das Wild anschlägt, dem ich den Schuss bestimmt hatte. Eine tödliche Kälte fährt bei diesem Anblick durch meine Gebeine. Just das war der Mensch, den ich unter allen lebendigen Dingen am grässlichsten hasste, und dieser Mensch war in die Gewalt meiner Kugel gegeben. In diesem Augenblick dünkte mich's, als ob die ganze Welt in meinem Flintenschuss läge und der Hass meines ganzen Lebens in die einzige Fingerspitze sich zusammendrängte, womit ich den mörderischen Druck tun sollte. Eine unsichtbare fürchterliche Hand schwebte über mir, der Stundenweiser meines Schicksals zeigte unwiderruflich auf diese schwarze Minute. Der Arm zitterte mir, da ich meiner Flinte die schreckliche Wahl erlaubte – meine Zähne schlugen zusammen wie im Fieberfrost, und der Odem sperrte sich erstickend in meiner Lunge. Eine Minute lang blieb der Lauf meiner Flinte ungewiss zwischen dem Menschen und dem Hirsch mitten inne schwanken – eine Minute – und noch eine – und wieder eine. Rache und Gewissen rangen hartnäckig und zweifelhaft, aber die Rache gewann's, und der Jäger lag tot am Boden.

Mein Gewehr fiel mit dem Schusse ... „Mörder" ... stammelte ich langsam – der Wald war still wie ein Kirchhof – ich hörte deutlich, dass ich „Mörder" sagte. Als ich näher schlich, starb der Mann. Lange stand ich sprachlos vor dem Toten, ein helles Gelächter endlich machte mir Luft. „Wirst du jetzt reinen Mund halten, guter Freund!", sagte ich und trat keck hin, indem ich zugleich das Gesicht des Ermordeten auswärtskehrte. Die Augen standen ihm weit auf. Ich wurde ernsthaft und schwieg plötzlich wieder stille. Es fing mir an, seltsam zu werden.

Friedrich Schiller

Bis hieher hatte ich auf Rechnung meiner Schande gefrevelt; jetzt war etwas geschehen, wofür ich noch nicht gebüßt hatte. Eine Stunde vorher, glaube ich, hätte mich kein Mensch überredet, dass es noch etwas Schlechteres als mich unter dem Himmel gebe; jetzt fing ich an zu mutmaßen, dass ich vor einer Stunde wohl gar zu beneiden war.

Gottes Gerichte fielen mir nicht ein – wohl aber eine, ich weiß nicht welche? verwirrte Erinnerung an Strang und Schwert und die Exekution einer Kindermörderin, die ich als Schuljunge mit angesehen hatte. Etwas ganz besonders Schreckbares lag für mich in dem Gedanken, dass von jetzt an mein Leben verwirkt sei. Auf mehreres besinne ich mich nicht mehr. Ich wünschte gleich darauf, dass er noch lebte. Ich tat mir Gewalt an, mich lebhaft an alles Böse zu erinnern, das mir der Tote im Leben zugefügt hatte, aber sonderbar! mein Gedächtnis war wie ausgestorben. Ich konnte nichts mehr von alledem hervorrufen, was mich vor einer Viertelstunde zum Rasen gebracht hatte. Ich begriff gar nicht, wie ich zu dieser Mordtat gekommen war.

Aus: Friedrich Schiller: Der Verbrecher aus verlorener Ehre (1), Text- und Arbeitsbuch. Hrsg.: Rautenberg, Hoppe, Dehn. Cornelsen Verlag, Berlin 2001, S. 12f.

Fortsetzung von Seite 20 **Aufklärung, Empfindsamkeit und Sturm und Drang**

Aufgaben

1. Beschreiben Sie den Konflikt, in dem sich Christian Wolf befindet, mit eigenen Worten.

2. Die Hauptfigur beendet ihren Bericht mit dem Satz: „Ich begriff gar nicht, wie ich zu dieser Mordtat gekommen war." Erläutern Sie seine Handlungsweise.

3. Schillers Erzählung ist an der Schnittstelle von drei fast zeitgleichen literarischen Strömungen erschienen. Erschließen Sie diese Strömungen, indem Sie ein Schaubild zu dem folgenden Informationstext erstellen. Veranschaulichen Sie mit Hilfe von Symbolen (z. B. Pfeile, Kreise) und epochentypischen Schlagworten, in welchem Verhältnis die Strömungen zueinander stehen.

Aufklärung, Empfindsamkeit und Sturm und Drang

Das **18. Jahrhundert** ist das Zeitalter der **Aufklärung**. Man versteht darunter eine geistige Bewegung, zu deren wichtigsten deutschen Vertretern der Philosoph Immanuel Kant und der Schriftsteller Gotthold Ephraim Lessing gehören. Gekennzeichnet ist diese Epoche durch den Glauben an die Möglichkeiten des **Verstandes** und der **Vernunft** sowie die Forderung nach der **Freiheit** und **Selbstbestimmung** des Menschen. Dies führt zu einer **Kritik an Autoritäten und Institutionen** (öffentlichen Einrichtungen). Die überlieferte Religion wird dabei ebenso hinterfragt wie der Ständestaat. Gesellschaftlicher Fortschritt soll durch die Verbesserung des Einzelnen gelingen. Deshalb gewinnt die Erziehung zu **Moral, Tugend, Toleranz** und **Humanität** an Bedeutung.

Etwa zeitgleich entsteht mit der **Empfindsamkeit** eine Gegenbewegung zur Aufklärung, die sich vor allem gegen die Vorherrschaft der Vernunft wendet. Betont werden **Gefühl** und **Frömmigkeit** – vor allem im individuellen und **privaten Erleben**. Diese vom protestantischen „Pietismus" geprägte Strömung suchte Glaubens- und Lebensformen außerhalb der offiziellen kirchlichen Regeln und Glaubenssätze. Zu den wichtigen Merkmalen gehören **Innerlichkeit, Sinnlichkeit, Mitleid** und **moralische Unterweisung**.

Gegen Ende des Jahrhunderts setzt zudem die Bewegung des **Sturm und Drang** ein, vor allem um die jungen Johann Wolfgang Goethe und Friedrich Schiller. Auch diese Bewegung kritisiert und erweitert die Verstandesherrschaft der Aufklärung. Ihre Schlagwörter lauten **Gefühl, Natur, Leidenschaft** und **Fantasie**. Hochschätzung erfährt vor allem das **Genie**, das sich über alle gesellschaftlichen Regelungen hinwegsetzt. Die literarischen Helden dieser Strömung lieben **Freiheit** und **Rebellion** und schwelgen in einem Kult um **Liebe** und **Freundschaft**.

---

4. Lesen Sie den Auszug aus Schillers Erzählung noch einmal genau und halten Sie in einer Tabelle fest, welche epochentypischen Merkmale er aufweist.

Aufklärung	Empfindsamkeit	Sturm und Drang

5. Begründen Sie schriftlich, welcher der drei Strömungen Sie den Text am ehesten zuordnen würden. Arbeiten Sie mit Zitaten.

6. Diskutieren Sie im Kurs, inwiefern die Verwendung literarischer Epochenbegriffe nützlich, aber auch gefährlich sein kann.

Gesellschaftskritik

Gotthold Ephraim Lessing: Die Esel (1759/1777)

Die Esel beklagten sich bei dem Zeus, dass die Menschen mit ihnen zu grausam umgingen. „Unser starker Rücken", sagten sie, „trägt ihre Lasten, unter welchen sie und jedes schwächere Tier erliegen müssten. Und doch wollen sie uns, durch unbarmherzige Schläge, zu einer Geschwindigkeit nötigen, die uns durch die Last unmöglich gemacht würde, wenn sie uns auch die Natur nicht versagt hätte. Verbiete ihnen, Zeus, so unbillig zu sein, wenn sich die Menschen anders etwas Böses verbieten lassen. Wir wollen ihnen dienen, weil es scheinet, dass du uns dazu erschaffen hast; allein geschlagen wollen wir ohne Ursache nicht sein."

„Mein Geschöpf", antwortete Zeus ihrem Sprecher, „die Bitte ist nicht ungerecht; aber ich sehe keine Möglichkeit, die Menschen zu überzeugen, dass eure natürliche Langsamkeit keine Faulheit sei. Und solange sie dieses glauben, werdet ihr geschlagen werden. – Doch ich sinne, euer Schicksal zu erleichtern. – Die Unempfindlichkeit soll von nun an euer Teil sein; eure Haut soll sich gegen die Schläge verhärten und den Arm des Treibers ermüden."

„Zeus", schrien die Esel, „du bist allezeit weise und gnädig! – Sie gingen erfreut von seinem Throne als dem Throne der allgemeinen Liebe.

Aus: Gotthold Ephraim Lessing: Werke in drei Bänden. Hrsg. von Herbert G. Göpfert. Carl Hanser Verlag, München, Wien 1984, Band 1, S. 28.

Aufgaben

1. Formulieren Sie die Lehre, die sich aus der Fabel ziehen lässt.

_____

_____

_____

2. Veranschaulichen Sie die Lehre der Fabel anhand eines Beispiels aus der Lebenswelt des Menschen.

Fortsetzung auf Seite 23

Fortsetzung von Seite 22

Gesellschaftskritik

Aufgaben

3. Lessings Fabeln prangern nicht nur menschliche Verhaltensweisen, sondern auch die gesellschaftspolitischen Zustände seiner Zeit an. Verdeutlichen Sie sich diese Gesellschaftskritik, indem Sie mit Hilfe des Textes die Tabelle unten stichwortartig ausfüllen.

Das Zeitalter der Aufklärung

Das 18. Jahrhundert ist das Zeitalter der Aufklärung im engeren Sinne. Man versteht darunter eine geistige Bewegung, zu deren wichtigsten Philosophen die Franzosen René Descartes, Voltaire und Jean-Jacques Rousseau sowie die Briten John Locke und David Hume gehören. Der Königsberger Philosoph Immanuel Kant (1724–1804) gilt als Vollender der Aufklärung.

Gekennzeichnet ist diese Epoche durch den Glauben an die Vernunft und die Mündigkeit des Individuums. Die Forderung nach geistiger und politischer Selbstbestimmung führte zur Kritik an Autoritäten und Institutionen. Die überlieferte Religion wurde dabei ebenso hinterfragt wie die Ständegesellschaft. Gesellschaftlicher Fortschritt sollte in erster Linie durch die Verbesserung des Einzelnen gelingen. Deshalb gewinnt die Erziehung zu Moral, Tugend, Toleranz und Humanität an Bedeutung.

Die Philosophen und Literaten der Aufklärung kamen überwiegend aus dem Stand des Bürgertums und richteten sich vielfach gegen den Absolutismus, eine Regierungsform, in der alle Gewalt unbeschränkt in der Hand des Machthabers liegt. Besonders die Laster und die Maßlosigkeit von Adel und Klerus waren Zielscheibe der Kritik, mitunter aber auch die Unterwürfigkeit des Bürgertums und dessen Anbiederung an den Adel. Während in den Vereinigten Staaten von Amerika (1776) und in Frankreich (1789) Monarchien gestürzt wurden, behaupteten sich in Deutschland der Absolutismus und seine gemäßigte Form, der aufgeklärte Absolutismus, dessen wichtigste Vertreter die Habsburgerin Maria Theresia, ihr Nachfolger Joseph II. und der preußische König Friedrich der Große waren.

Lessing: „Die Esel"	Für welchen gesellschaftlichen Stand stehen die Figuren der Fabel?	Wie werden sie charakterisiert?	Welche Kritik an dem Stand wird deutlich?
Zeus			
Die Menschen			
Die Esel			

4. Formulieren Sie nun die gesellschaftskritische Aussageabsicht der Fabel.

5. Suchen Sie in Büchern oder im Internet weitere Fabeln von Lessing und stellen Sie dar, inwiefern sich eine gesellschaftskritische Tendenz in ihnen erkennen lässt.

6. Erklären Sie die Beliebtheit von Fabeln im Zeitalter der Aufklärung.

Bürgertum und Adel

Michael Schäfer: Geschichte des Bürgertums (2009) – Auszug

Das Bürgertum formierte sich […] nicht als soziale Gruppe, die man an Merkmalen des Berufs, des Einkommens, der sozialen Lage festmachen kann. Bürgertum wird vielmehr als kulturelle Formation[1] begriffen, deren Angehörige bestimmte „bürgerliche" Einstellungen, Überzeugungen und Werthaltungen teilten. Gemeinsam war den „Bürgerlichen" etwa die Grundannahme, […] dass der Lebensweg des Einzelnen nicht mehr durch Tradition und Herkommen von Geburt an definiert und vorbestimmt werden sollte. Sein persönliches Fortkommen und seine Stellung in der Gesellschaft sollten durch sein Talent, seine Leistungen und seine Verdienste bestimmt werden. Der Mensch sollte sein Handeln nach den Geboten der Nützlichkeit, der Rationalität und der Moral ausrichten. Arbeitsfleiß, Leistungsorientierung und Pflichtbewusstsein gehörten zu den bürgerlichen Kerntugenden, zur „Bürgerlichkeit". […]

Dies richtete sich konkret gegen die massive Privilegierung des Adels. Bürgerliche Staatsbeamte mussten sich gewöhnlich adligen Vorgesetzten unterordnen, auch wenn sie diesen an Qualifikation, Erfahrung und Verdiensten offensichtlich überlegen waren. Erfolgreiche Kaufleute und Unternehmer mochten kraft eigener Leistung große Vermögen anhäufen. Doch in der gesellschaftlichen Wertschätzung galten sie weniger als ein kleiner Landadliger, der mehr schlecht als recht von den Abgaben seiner Bauern lebte und keiner nützlichen Tätigkeit nachging.

---

1 Kulturelle Formation: eine gesellschaftliche Gruppe, die sich vor allem durch eine gemeinsame Weltanschauung und gemeinsame Werte auszeichnet, weniger durch die gemeinsame wirtschaftliche Situation.

Aus: Michael Schäfer: Geschichte des Bürgertums. Eine Einführung. UTB, Köln, Weimar, Wien 2009, S. 39 f.

Aufgaben

1. Wodurch wird der Wert des Einzelnen und seine Position in der Gesellschaft nach bürgerlicher und nach adliger Vorstellung bestimmt? Erläutern Sie.

2. Legen Sie dar, warum die Moral für das Selbstbewusstsein des Bürgertums wichtig ist.

3. Es ist immer wieder bemerkt worden, dass alle Figuren in Lessings bürgerlichen Trauerspielen eigentlich dem Adel angehören.
    a) Verdeutlichen Sie dies an Beispielen aus Lessings Werk.
    b) Erklären diesen Sachverhalt besonders unter Berücksichtigung des ersten Absatzes aus dem Text des Historikers Schäfer.

Adlige und bürgerliche Sexualmoral

Sara F. Matthews Grieco: Körper, äußere Erscheinung und Sexualität (1994) – Auszug

Sittsamkeit wurde zum Symbol sozialer und moralischer Überlegenheit, die den mittleren Schichten besonders teuer war, da sie sowohl das ungepflegte Äußere der Unterschichten als auch die zügellose Nachlässigkeit der Aristokratie verurteilten. […]
Die Geschichte des Ehebruchs ist eine Geschichte der Doppelmoral, die die außerehelichen Affären der Männer tolerierte und die der Frauen verurteilte. Eine Erklärung für diese Diskrepanz liegt in dem Wert, der der weiblichen Keuschheit auf dem Heiratsmarkt patriarchaler und begüterter Gesellschaften beigemessen wurde. Bis zur Hochzeitsnacht wurde von einer Frau Jungfräulichkeit gefordert und eheliche Treue für alle Zeit danach, damit sie ihrem Mann rechtmäßige Erben schenken konnte. […]

Nur die Aristokratie bildete eine grundsätzliche Ausnahme zu der ansonsten allgemein verbreiteten Doppelmoral. An fürstlichen Höfen wurden attraktive Damen geradezu in das Bett ihres Herrschers gedrängt, um die Karriereabsichten ihrer Ehemänner voranzutreiben. Andere nahmen sich die Freiheit, sich einen Liebhaber zu halten, nachdem sie ihrer ehelichen Pflicht dadurch nachgekommen waren, dass sie ihrem Ehemann einen rechtmäßigen Erben geschenkt hatten.

Aus: Sara F. Matthews Grieco: Körper, äußere Erscheinung und Sexualität. In: Geschichte der Frauen. Bd. 3: Frühe Neuzeit. Hrsg. von Arlette Farge und Natalie Zemon Davis. Campus Verlag, Frankfurt, New York, Paris 1994. S. 80, 98 f.

Aufgaben

1. Erklären Sie den Unterschied zwischen der adligen und der bürgerlichen Sexualmoral. Gehen Sie dazu besonders auf den ersten Satz des Textes ein.

2. Verdeutlichen Sie den im Text geschilderten Sachverhalt am Beispiel eines bürgerlichen Trauerspiels von Lessing, z. B. „Emilia Galotti" (S. 49).

3. Versetzen Sie sich in die Lage eines bürgerlichen Beamten, der im Jahr 1750 an einem Fürstenhof lebt. Schreiben Sie einen Brief an Ihre Ehefrau, in dem Sie die Unmoral am Hof verurteilen. Beziehen Sie sich dabei auf den Text von Grieco und auf den Inhalt eines bürgerlichen Trauerspiels von Lessing.

4. Nehmen Sie schriftlich Stellung zum Aspekt der „Doppelmoral".

5. Diskutieren Sie bürgerliche und adlige Sexualmoral kontrovers im Kurs. Beziehen Sie sich dabei auch auf Beispiele aus der Gegenwart.

Über falsch verstandene Aufklärung

Jörg Friedrich: Die Feinde der Aufklärung (2012)

Viele Wissenschaftler und Politikberater haben Kant gründlich missverstanden. Es geht nicht darum, dem Rest der Welt die Augen zu öffnen, denn diese Aufgabe muss jeder Mensch für sich selbst erfüllen. Die moderne Naturwissenschaft, ebenso wie die Berater der modernen politischen Institutionen, sehen sich gern als Erben Kants, sie sind aufgeklärt, säkular, denken jenseits aller Mythen oder nebulöser irrationaler und emotionaler Überzeugungen. Jeder, der die Autorität ihrer Rationalität infrage stellt, läuft Gefahr, als Feind der Aufklärung bezeichnet zu werden. Das wäre allenfalls lustig, wenn es nicht ein bezeichnendes Licht darauf werfen würde, in welch beklagenswertem Zustand sich das Projekt der Aufklärung inzwischen befindet.

Ich möchte noch einmal an die beiden oft zitierten und fast genauso oft fehlgedeuteten Sätze Kants erinnern:

Aufklärung ist der Ausgang des Menschen aus seiner selbst verschuldeten Unmündigkeit. Unmündigkeit ist das Unvermögen, sich seines Verstandes ohne Leitung eines andern zu bedienen.

Was an diesen Sätzen eigentlich auffallen sollte, ist ihre Reflexivität: Es geht um mich selbst, um meine selbst verschuldete Unmündigkeit, es geht um mein Vermögen, mich meines eigenen Verstandes ohne Leitung eines andern zu bedienen.

Aufklärung ist das Lichten eines Nebels, das Beseitigen von Verdeckungen und Verschleierungen, vielleicht auch das Beleuchten von etwas, was im Dunklen liegt. Das heißt aber zunächst: Da ist ein Nebel, da sind Verdeckungen. Und der Aufklärer steckt selbst in diesem Nebel und befreit sich selbst daraus, indem er lernt, seinen Verstand als Licht zu nutzen.

Diejenigen aber, die heute so gern den Begriff der Aufklärung im Munde führen, meinen zunächst, sie seien bereits aufgeklärt und sie müssten nun die anderen, die Noch-nicht-Aufgeklärten, aufklären. Das Missverständnis über den Sinn von Aufklärung könnte nicht größer sein: Wenn ich meine, jemanden aufklären zu müssen, dann wird doch dieser gerade nicht in die Situation kommen, sich seines eigenen Verstandes ohne Leitung eines andern zu bedienen, der Aufklärer ist und bleibt dieser Andere, der Leitende, dessen Wahlspruch wohl ist: „Aufgeklärt werden müssen immer nur die anderen."

Wissenschaften können uns nicht aufklären, sie können uns allenfalls informieren, und das erwarten wir zu Recht auch von ihnen. Wenn mich beispielsweise jemand fragt, wann und wo die nächste Straßenbahn fährt, und ich ihm diese Information gebe, dann ist das keine Aufklärung, da vorher eigentlich nichts, weder für den Frager noch für mich, unklar war. Wenn der Frager seine Bitte um Information mit den Worten einleiten würde: „Mir ist unklar, wann und wo...", fände ich das merkwürdig. Er weiß schon, dass Straßenbahnen fahren, dass es Haltestellen und Fahrpläne gibt. Aufklärung des Fragers wäre vielleicht angebracht, wenn dieser seine Verwunderung über Menschenansammlungen an parallel verlaufenden Metall-Strängen kundtun würde – wobei es sehr wahrscheinlich ist, dass solche Aufklärung nicht gelänge, weil diesem Menschen vieles, was uns selbstverständlich ist, merkwürdig erscheinen würde. Auch da wäre dann wahrscheinlich weniger Aufklärung angesagt als vielmehr der Versuch, einander besser zu verstehen. Die Aufklärung würde der Frager – mit der Zeit – eben für sich selbst zustande bringen müssen. Man kann also unterscheiden zwischen dem Klären von etwas, was trübe und nebulös ist, was also aufgeklärt werden muss, dem Erklären, was getan wird, wenn jemand irgendeinen Zusammenhang nicht versteht, und dem Informieren, wo es gar keine Unklarheiten und nichts Unverstandenes gibt, sondern nur Fakten benötigt werden.

Ein Aufklärer, der wirklich in der Tradition Kants steht, will aber niemanden außer sich selbst aufklären, es kann immer nur darum gehen, sich selbst aus dem Nebel zu befreien, den der eigene Atem verursacht, den Staub aus den eigenen Augen zu reiben, den die eigenen Schritte aufgewirbelt haben. Erfreulich ist, wenn man sich dabei mit ein paar anderen zusammentun kann, schön ist, wenn solcherart Aufklärung ansteckend ist.

Andere aufklären – das ist nicht nur eine Anmaßung (ich habe mich schon zu oft zu gründlich geirrt, um glauben zu können, dass ich irgendetwas Wichtiges wüsste, worüber andere nur aufzuklären wären). Jede so verstandene „Aufklärung" begründet ein Macht- und Abhängigkeitsverhältnis und verrät damit letztlich die Idee der Aufklärung. Würde das tatsächlich einmal als „Aufklärung" bezeichnet werden, dann wäre ich mit Freude ein „Feind der Aufklärung".

Aus: Jörg Friedrich: Die Feinde der Aufklärung. In: The European, Das Debatten-Magazin vom 21.10.2012.

Fortsetzung von Seite 26 — **Über falsch verstandene Aufklärung**

Aufgaben

1. Erläutern Sie, wen der Autor mit seinem Titel anspricht.

2. Geben Sie mit eigenen Worten wieder, wie Jörg Friedrich die beiden von ihm zitierten Kant-Sätze deutet.

3. „Man kann also unterscheiden zwischen dem Klären von etwas, was trübe und nebulös ist, was also aufgeklärt werden muss, dem Erklären, was getan wird, wenn jemand irgendeinen Zusammenhang nicht versteht, und dem Informieren, wo es gar keine Unklarheiten und nichts Unverstandenes gibt, sondern nur Fakten benötigt werden."
Notieren Sie für die genannten drei Varianten jeweils ein eigenes Beispiel.

Variante 1:

Variante 2:

Variante 3:

4. Stellen Sie in Ihrem Heft dar, wie falsch verstandene Aufklärung „Macht- und Abhängigkeitsverhältnisse" schaffen kann.

Georg Christoph Lichtenberg: Aphorismen

Aufgabe

1. Alle Zitate auf dieser und der folgenden Seite stammen von dem Aufklärer Georg Christoph Lichtenberg. Sie sind allerdings falsch zusammengestellt.
   a) Rekonstruieren Sie die richtigen Zitate. **Tipp:** Schneiden Sie die einzelnen Rahmen dafür aus.
   b) Markieren Sie durch ein geeignetes Zeichen, welchen Zitaten Sie zustimmen und welchen nicht.

Ich fürchte, unsere allzu sorgfältige Erziehung	Die meisten Menschen leben mehr nach der Mode als nach der Vernunft.
Dass in den Kirchen gepredigt wird,	ist das allemal im Buch?
Es ist ja doch nun einmal nicht anders:	aber dafür jeden Brief, worin eine derbe Wahrheit gesagt ist.
Wenn du die Geschichte eines großen Verbrechers liesest, so danke immer, ehe du ihn verdammst,	Ich glaube, die beste Antwort darauf ist: Wer will es ihm wehren, wenn es entschlossen ist?
Es ist eine traurige Liebe,	macht deswegen die Blitzableiter auf ihnen nicht unnötig.
Wenn ein Buch und ein Kopf zusammenstoßen und es klingt hohl,	Mein Gott, was hilft aber alles Licht, wenn die Leute entweder keine Augen haben oder die, die sie haben, vorsätzlich verschließen?
Wir verbrennen zwar keine Hexen mehr,	wo man zum ersten Mal im Grab miteinander zu Bette geht.
Man spricht viel von Aufklärung und wünscht mehr Licht.	dem gütigen Himmel, der dich mit deinem ehrlichen Gesicht nicht an den Anfang einer solchen Reihe von Umständen gestellt hat.
Es ist fast unmöglich, die Fackel der Wahrheit durch ein Gedränge zu tragen,	so kann kein Apostel herausgucken.

Fortsetzung auf Seite 29

Georg Christoph Lichtenberg: Aphorismen

Fortsetzung von Seite 28

| Sagt, ist noch ein Land außer Deutschland, | liefert uns Zwerg-Obst. |

| Darf ein Volk seine Staatsverfassung ändern, wenn es will? Über diese Frage ist sehr viel Gutes und Schlechtes gesagt worden. | aber so viel kann ich sagen, es muss anders werden, wenn es gut werden soll. |

| Ist denn wohl unser Begriff von Gott | ohne jemandem den Bart zu versengen. |

| Ein Buch ist ein Spiegel; wenn ein Affe hineinsieht, | wo man die Nase erst rümpfen lernt als putzen? |

| Ich kann freilich nicht sagen, ob es besser werden wird, wenn es anders wird; | etwas weiter als personifizierte Unbegreiflichkeit? |

Aus: Georg Christoph Lichtenberg: Aphorismen. In: Ders.: Aphorismen – Schriften – Briefe. Hrsg. v. Wolfgang Promies. Carl Hanser Verlag, München o.J.

Aufgaben

2. Schließen Sie von den Aphorismen auf die Inhalte und Ziele der Aufklärung. Verändert sich dadurch Ihr Bild von der Epoche?

3. Vervollständigen Sie die folgende Definition des Aphorismus, indem Sie Wörter einsetzen, die sinngemäß passen. Überprüfen Sie Ihr Ergebnis anschließend mit dem Lösungsteil.

Aphorismus

Ein Aphorismus (gr. *aphorizein* = abgrenzen, abstecken) ist ein pointiert formulierter _____ _____, der in geistreich witziger Weise und oft in einem einzigen _____ eine überraschende _____ ausdrückt. Indem er einer _____ eine unerwartete und verblüffende _____ gibt, fordert der Aphorismus kritisches _____ heraus. Witz und Durchschlagskraft erzielt er mit wirkungsvollen rhetorischen Figuren wie Paradox, Antithese, Metapher, Parallelismus und Ironie.

4. Weisen Sie verschiedene rhetorische Mittel in Lichtenbergs Aphorismen nach.

5. Legen Sie im Kurs geeignete Themen fest und schreiben Sie selbst Aphorismen.

Religionskritik in den Aphorismen Lichtenbergs

Georg Christoph Lichtenberg: Aphorismen (seit 1764)

> Offenbarung macht nicht, dass ich eine Sache begreife, sondern dass ich sie, wenn sie Autorität hat, begreife. Aber welche Autorität kann mir etwas aufdringen zu glauben, das meiner Vernunft widerspricht? Gottes Wort allein. Aber haben wir ein Wort Gottes außer der Vernunft? Gewiss nicht. Denn dass die Bibel Gottes Wort ist, das haben Menschen gesagt, und Menschen können kein anderes Wort Gottes kennen als die Vernunft.
>
> ***
>
> Ich glaube kaum, dass es möglich sein wird zu beweisen, dass wir das Werk eines höchsten Wesens und nicht vielmehr zum Zeitvertreib von einem sehr unvollkommenen sind zusammengesetzt worden.
>
> ***
>
> Ich glaube, der Mensch ist am Ende ein so freies Wesen, dass ihm das Recht zu sein, was er glaubt zu sein, nicht streitig gemacht werden kann.
>
> ***
>
> Lange vor Erfindung des Papsttums und des Fegfeuers war es schon gebräuchlich, für die Verstorbenen zu beten. Ich glaube, mich hat auch einmal die Liebe zu meiner Mutter verleitet, für sie zu beten. Es ist dies nichts weiter als die Vermenschung, Vermenschlichung alles dessen, wovon wir nichts wissen und nichts wissen können, die man überall antrifft.
>
> ***
>
> Die meisten Glaubenslehrer verteidigen ihre Sätze, nicht weil sie von der Wahrheit derselben überzeugt sind, sondern weil sie die Wahrheit derselben einmal behauptet haben.
>
> ***
>
> Gott schuf den Menschen nach seinem Bilde, das heißt vermutlich, der Mensch schuf Gott nach dem seinigen.

Aus: Georg Christoph Lichtenberg: Aphorismen. In: Ders.: Aphorismen – Schriften – Briefe. Hrsg. v. Wolfgang Promies. Carl Hanser Verlag, München o.J.

Aufgaben

1. Lesen Sie die Aphorismen und halten Sie Ihren ersten Eindruck mit Hilfe von Emoticons fest, die Sie an den Rand zeichnen.

2. Welchem Aphorismus stimmen Sie am meisten, welchem am wenigsten zu? Begründen Sie.

3. Diskutieren Sie, welcher Aphorismus die Religion am radikalsten in Frage stellt.

4. Schreiben Sie – ausgehend von diesen Aphorismen – einen zusammenhängenden Text über die Religionskritik des Aufklärers Lichtenberg.

5. Wählen Sie einen der Aphorismen aus und formulieren Sie eine Gegenposition zu Lichtenberg. Entfalten Sie dabei vollständige Argumente.

6. Schreiben Sie selbst einen Aphorismus, der sich auf die heutige Rolle der Religion bezieht.

7. Informieren Sie sich in Büchern oder dem Internet über Lichtenbergs „Sudelbücher".
   a) Schreiben Sie Aphorismen heraus, die Ihnen gefallen, und erläutern Sie mit ihrer Hilfe Grundgedanken der Aufklärung.
   b) Erklären Sie, warum der Aphorismus in der Aufklärung eine Blütezeit erlebt.

Das Epigramm – Pfeile statt Speere

**Gotthold Ephraim Lessing:
An den Leser** (1753/1771)

Du, dem kein Epigramm gefällt,
Es sei denn lang und reich und schwer:
Wo sahst du, dass man einen Speer
Statt eines Pfeils vom Bogen schnellt?

*Aus: Die deutsche Literatur in Text und Darstellung.
Aufklärung und Rokoko. Hrsg. von Otto F. Best
und Hans-Jürgen Schmitt, Bd. 5.
Reclam, Stuttgart 1991, S. 161.*

Aufgaben

1. Erschließen Sie mit Hilfe des sprachlichen Bildes, das dem Gedicht zugrunde liegt, was ein Epigramm sein könnte.

2. a) Definieren Sie, was ein Epigramm ist, indem Sie jeweils den passenden Lösungsvorschlag in die Lücken schreiben.

Epigramm

Das Epigramm (gr. *epigramma* = Inschrift, Aufschrift) ist _____ (ein kurzes Gedicht / eine kurze Geschichte, ein kurzes Drama), das einen Sachverhalt in _____ (geistreicher, vernünftiger, verletzender) Weise erläutert. Häufig geschieht dies in Form von _____ (Dialogen, Versen, Fabeln). Aufgrund des _____ (schonungslos-kritischen, witzig-unverbindlichen, moralisch-belehrenden) Charakters erfreute es sich im Barock, der Aufklärung und der Weimarer Klassik großer Beliebtheit.

b) Überprüfen Sie Ihre Lösung noch einmal mit Blick auf die unten stehenden Epigramme und verändern Sie sie gegebenenfalls.

Fortsetzung auf Seite 32

Fortsetzung von Seite 31   **Das Epigramm – Pfeile statt Speere**

Aufgaben

3. Unter den folgenden Epigrammen befindet sich ein „Kuckucksei". Eines der Epigramme stammt nämlich nicht aus dem Zeitalter der Aufklärung, sondern aus dem Barock. Identifizieren Sie den barocken Text und begründen Sie Ihre Wahl in Ihrem Heft.

Gruß und Gegengruß

Zu einem Bauernweib, das eine Fahrt mit Futter
Auf ihren Langohr lud, sprach in vertrautem Ton
Der junge Schlosskaplan: „Wie geht's, Frau Eselmutter?"
„Ganz wohl", versetzte sie, „mein Sohn!"

Thrax und Stax

STAX.   Thrax! eine taube Frau zu nehmen!
        O Thrax, das nenn' ich dumm.
THRAX. Ja freilich, Stax! ich muss mich schämen.
        Doch sieh, ich hielt sie auch für stumm.

Der Tod ist's beste Ding

Ich sage / weil der Tod allein mich machet frei;
Dass er das beste Ding aus allen Dingen sei.

Das Denkmal

Der schlecht bezahlt so viel für ihn gedichtet,
Ein Monument hat er dem nun errichtet.
Hätt' er ihm Brot bei seinem Leben,
Nicht nach dem Tode Stein gegeben!

Ist er ein Mensch? …

Ist er ein Mensch?, frag erst und dann: ist er ein Christ?
Ein Christ kann er nicht sein, wenn er ein Mensch nicht ist!

---

4. Überprüfen Sie Ihre Wahl aus Aufgabe 3 mit Hilfe des Lösungsteils.

5. Erläutern Sie jeweils kurz den aufklärerischen Gehalt der vier anderen Epigramme.

6. Recherchieren Sie die Autoren Gottlieb Konrad Pfeffel, Gotthold Ephraim Lessing, Abraham Gotthelf Kästner und Johann Ludwig Gleim und stellen Sie sie jeweils in einem kurzen Vortrag im Kurs vor.

7. Wählen Sie eines der aufklärerischen Epigramme aus und formen Sie es in eine kleine Geschichte um. Am Ende kann das Epigramm stehen.

8. Schreiben Sie selbst ein Epigramm und lassen Sie von Ihren Mitschülerinnen und Mitschülern prüfen, ob es die gattungstypischen Merkmale enthält.

Gedichte der Anakreontik und der Aufklärung

Friedrich von Hagedorn:
Die Küsse (um 1750)

Als sich aus Eigennutz Elisse
Dem muntern Coridon ergab,
Nahm sie für einen ihrer Küsse
Ihm anfangs dreißig Schäfchen ab.

5 Am andern Tag erschien die Stunde,
Dass er den Tausch viel besser traf.
Sein Mund gewann von ihrem Munde
Schon dreißig Küsse für ein Schaf.

Der dritte Tag war zu beneiden:
10 Da gab die milde Schäferin
Um einen neuen Kuss mit Freuden
Ihm alle Schafe wieder hin.

Allein am vierten ging's betrübter,
Indem sie Herd und Hund verhieß
15 Für einen Kuss, den ihr Geliebter
_____

Aus: Die deutsche Literatur in Text und Darstellung. Aufklärung und Rokoko. Hrsg. von Otto F. Best und Hans-Jürgen Schmitt, Bd. 5. Reclam Verlag, Stuttgart 1986, S. 122.

Christian Felix Weisse:
Doris und Damon (um 1762)

Doris   Lieber Damon, dein Begehren,
           Dich zu lieben, geh' ich ein;
           Aber willst du mir auch schwören,
           Ewig mir getreu zu sein!

Damon   Liebe Doris, dein Begehren
           Geh' ich mit Entzücken ein;
           Aber willst du mir auch schwören,
           _____

           _____

Aus: Die deutsche Literatur in Text und Darstellung. Aufklärung und Rokoko. Hrsg. von Otto F. Best und Hans-Jürgen Schmitt, Bd. 5. Reclam Verlag, Stuttgart 1986, S. 134.

Aufgaben

1. Lesen Sie die beiden Gedichte genau und schreiben Sie jeweils einen Schlussvers, der zum Inhalt und zum Ton dieser Gedichte passt. Vergleichen Sie Ihre Verse anschließend mit dem Original im Lösungsteil.

2. Analysieren Sie die Form der beiden Gedichte.
   Erklären Sie formale Gemeinsamkeiten mit Bezug auf den Inhalt.

3. Führen Sie die beiden Texte in Form einer szenischer Lesung oder eines szenischen Spiels auf. Machen Sie dabei die Intention deutlich, die die Gedichte Ihrer Ansicht nach haben.

4. Lesen Sie den folgenden Informationstext und überlegen Sie, was die Literatur der Aufklärung an diesem Typus von Lyrik kritisiert haben könnte.

Anakreontik

Als **Anakreontik** bezeichnet man eine Strömung scherzhaft-verspielter Lyrik, die auf den griechischen Dichter Anakreon zurückgeht. In der deutschsprachigen Literatur erlebte dieser Typus seine Blütezeit zwischen 1740 und 1770. Die Gedichte kreisen um die Themen Liebe, Wein und fröhlich ausgelassene Geselligkeit und bedienen sich oft einer volksliedartigen Form.

Fortsetzung auf Seite 34

Fortsetzung von Seite 33 **Gedichte der Anakreontik und der Aufklärung**

Aufgaben

5. Lesen Sie nun das folgende Gedicht von Lessing. Machen Sie sich klar, was der Kaufmann sagt, und schreiben Sie dann eine Antwort, die Nix Bodenstrom geben könnte.

**Gotthold Ephraim Lessing:
Nix Bodenstrom** (1753/1771)

Nix Bodenstrom, ein Schiffer, nahm –
War es in Hamburg oder Amsterdam,
Daran ist wenig oder nichts gelegen –
Ein junges Weib.
5 „Das ist auch sehr verwegen,
Freund!", sprach ein Kaufherr, den zum Hochzeitschmause
Der Schiffer bat. „Du bist so lang' und oft von Hause;
Dein Weibchen bleibt indes allein:
Und dennoch – willst du mit Gewalt denn Hahnrei¹ sein?
10 Indes, dass du zur See dein Leben wagst,
Indes, dass du in Surinam, am Amazonenflusse,
Dich bei den Hottentotten, Kannibalen plagst:
Indes wird sie – –„
   „Mit Eurem schönen Schlusse!"
15 Versetzte Nix. „_____
_____
_____
_____„

Aus: Gotthold Ephraim Lessing: Werke. Band 1, Hrsg. von H. G. Göpfert. Carl Hanser Verlag, München 1970, S. 216.

1 Hahnrei: betrogener Ehemann

6. Vergleichen Sie Ihre Version mit dem Original und deuten Sie Bodenstroms Antwort. Wie argumentiert er?

7. Vergleichen Sie die Moralvorstellung der Aufklärung, die in Lessings Gedicht anklingt, mit der Moralvorstellung, die aus den beiden Gedichten der Anakreontik spricht.

Die Aufgabe der Literatur

Aufgaben

1. Tauschen Sie sich darüber aus, ob und – wenn ja – welche Aufgabe gute Literatur erfüllen sollte. Sehen Sie in Bezug auf diese Frage Unterschiede zwischen der Gegenwart und der Zeit der Aufklärung?

2. Leiten Sie aus den beiden folgenden Fabeln ab, welche Aufgaben Lessing der Literatur zuweist und welche nicht. Schreiben Sie jeweils auf die Zeilen unter den Texten.

Gotthold Ephraim Lessing: **Die Nachtigall und die Lerche** (1759/1777)	**Gotthold Ephraim Lessing:** **Der Besitzer des Bogens** (1759/1777)
Was soll man zu den Dichtern sagen, die so gern ihren Flug weit über alle Fassung des größten Teiles ihrer Leser nehmen? Was sonst, als was die Nachtigall einst zu der Lerche sagte: „Schwingst du dich, Freundin, nur darum so hoch, um nicht gehört zu werden?" 	Ein Mann hatte einen trefflichen Bogen von Ebenholz, mit dem er sehr weit und sicher schoss und den er ungemein wert hielt. Einst aber, als er ihn aufmerksam betrachtete, sprach er: „Ein wenig zu plump bist du doch! Alle deine Zierde ist die Glätte. Schade!" – „Doch dem ist abzuhelfen!", fiel ihm ein. „Ich will hingehen und den besten Künstler Bilder in den Bogen schnitzen lassen." – Er ging hin; und der Künstler schnitzte eine ganze Jagd auf den Bogen; und was hätte sich besser auf einen Bogen geschickt als eine Jagd? Der Mann war voller Freude. „Du verdienst diese Zierraten, mein lieber Bogen!" – Indem will er ihn versuchen; er spannt, und der Bogen – zerbricht.
Literatur sollte nicht _____, sondern _____.	Literatur sollte nicht _____, sondern _____.

Aus: Gotthold Ephraim Lessing: Werke. Hrsg. von Herbert G. Göpfert, Bd. 5. Carl Hanser Verlag, München 1973, S. 259.

3. Sammeln Sie im Kurs Beispiele für die Art von Literatur, die Lessing im Sinn hat. Sie können dabei auf verschiedene Epochen zurückgreifen.

4. Beurteilen Sie in Ihrem Heft, ob Lessing mit diesen beiden Fabeln seinem eigenen Anspruch gerecht wird.

5. Überzeugt Sie Lessings Literaturverständnis? Fassen Sie Lessings Vorstellung noch einmal knapp zusammen und argumentieren Sie schlüssig dafür oder dagegen. Sie können dabei auch Ihre Antwort aus Aufgabe 1 berücksichtigen.

6. Schreiben Sie eine der beiden Fabeln so um, dass eine andere Auffassung von den Aufgaben der Literatur erkennbar wird.

Christian Fürchtegott Gellert: Vom Nutzen der Fabel

Christian Fürchtegott Gellert: Vom Nutzen der Fabel (1744)

[…] Eine gute Fabel _____ (vergnügt / nutzt), indem sie _____ (vergnügt / nutzt); sie trägt andern die _____ (Lehre / Wahrheit) unter glücklich erdachten und wohlgeordneten Bildern vor; dass man aber auf diesem zwar kurzen, doch königlichen Wege am leichtesten in die Gemüter der Menschen dringen könne, wird niemand leugnen, der _____
5 (den menschlichen Verstand / das menschliche Herz) fleißig untersucht hat. Viele schätzen die Fabel deswegen nicht hoch, weil sich ihr Nutzen nicht auf die _____ (Gebildeten / Ungebildeten), sondern auf die _____ (Jugend / Erwachsenen) und den Pöbel[1] erstrecket. Aber haben denn diese nicht hauptsächlich Warnungen und Lebensregeln nötig? Muss man denn allezeit für _____ (Ungelehrte / Gelehrte) schreiben? […] Wenn eine Sache dadurch, dass sie vielen
10 nützlich ist, ihren Wert bekommt, so werden eben dadurch die Fabeln viel gewinnen, weil sie nicht für _____ (scharfsehende / gewöhnliche) Leute geschrieben werden, deren stets sehr wenig sind. Und gesetzt, dass sie auch bloß _____ (den Erwachsenen / der Jugend) nutzen, so wird dennoch ihr Nutzen schätzbar sein, weil die gute Bildung der Gemüter und Sitten _____ (älterer / junger) Leute viel zu dem Wohle teils eines jeden insonderheit, teils der Gesellschaft insbesondere abhängt.
15 […] Allein es ist offenbar, dass die Fabel auch für _____ (Erwachsene / die Jugend) gehöre, weil durch sie das, was sie schon wissen, bestätigt wird, und sie durch diese die guten Lehren in ihrem Leben anwenden lernen. Denn wenn ich einen unterrichten will, so ist es nicht nötig, dass ich ihm stets etwas Neues sage. Daher kann sich das _____ (weibliche / männliche) Geschlecht und alle, die zwar nicht Gelehrte sind, aber doch den Wohlstand lieben, die Fabel zunutze machen; es kann aus
20 den Bildern, mit einem Worte, ein jeder besser als durch alle _____ (wissenschaftlichen / philosophischen) Beweise einsehen, was wahr, was recht, was gerecht, was schön und was anständig ist. – Die Menschen merken sich die Fabeln leicht und mit Vergnügen, weil sie von Dingen handeln, die in die Sinne fallen, und eben deswegen, weil ihr Inhalt _____ (wichtig / kurz) ist, so können sie die Fabel lange merken und von ihr langen und vielfachen Nutzen haben.

Aus: Christian Fürchtegott Gellert: Schriften zur Theorie der Fabel. Niemeyer Verlag, Tübingen 1966, S. 57f.

[1] Pöbel: das gewöhnliche Volk

Aufgaben

1. Lesen Sie den Text einmal genau und füllen Sie anschließend den Lückentext aus, indem Sie sich für eine der beiden Wortvorgaben entscheiden.

2. Überprüfen Sie Ihren Text mit Hilfe des Lösungsteils. Gibt es Lösungen, die Sie überraschen? Begründe Sie gegebenenfalls.

3. Schreiben Sie einen Brief an Gellert, in dem Sie darauf eingehen, ob seine Ansichten noch aktuell sind. Arbeiten Sie in Ihrem Heft.

Christian Fürchtegott Gellert: Vom Nutzen der Fabel

Christian Fürchtegott Gellert: Das Pferd und die Bremse (1742)

Ein Gaul, der Schmuck von weißen Pferden,
Von Schenkeln leicht, schön von Gestalt
Und, wie ein Mensch, stolz in Gebärden,
Trug seinen Herrn durch einen Wald;
5 Als mitten in dem stolzen Gange
Ihm eine Brems' entgegenzog
Und durstig auf die nasse Stange
An seinem blanken Zaume flog.
Sie leckte von dem heißen Schaume,
10 Der hericht[1] am Gebisse floss;

„Geschmeiße", sprach das wilde Ross,
„Du scheust dich nicht vor meinem Zaume?
Wo bleibt die Ehrfurcht gegen mich?
Wie?, darfst du wohl ein Pferd erbittern?
15 Ich schüttle nur, so musst du zittern."
Es schüttelte; die Bremse wich.

Allein sie suchte sich zu rächen;
Sie flog ihm nach, um ihn zu stechen,
Und stach den Schimmel in das Maul.
20 Das Pferd erschrak und blieb vor Schrecken
In Wurzeln mit dem Eisen stecken,
Und brach ein Bein; hier lag der stolze Gaul.
[...]

Nach: Arbeitstexte für den Unterricht. Fabeln. Hrsg. von Therese Poser. Reclam Verlag, Stuttgart 2004, S. 22.

1 hericht: hefeartig

Aufgaben

4. Die Fabel ist hier nicht vollständig wiedergegeben. Es fehlen die letzten vier Verse, die die Lehre enthalten. Ergänzen Sie die Verse.

_____

_____

_____

_____

5. Vergleichen Sie Ihren Fabelschluss mit dem Original im Lösungsteil. Halten Sie fest, in welcher Situation der Ratschlag, den die Fabel erteilt, hilfreich sein könnte.

6. Stellen Sie sich vor, dass sich auf den genesenen Gaul abermals eine Bremse setzt. Schreiben Sie eine Fabel zu dieser Situation.

7. Nehmen Sie Stellung zu der Frage, ob „Das Pferd und die Bremse" ein gutes Beispiel für Gellerts Fabeltheorie „Vom Nutzen der Fabel" (Seite 36) ist.

Gotthold Ephraim Lessing – Fabeln in den Schulen

Gotthold Ephraim Lessing: Von einem besondern Nutzen der Fabeln in den Schulen (1759) – Auszug

Den Nutzen, den ich itzt mehr berühren als umständlich erörtern will, würde man den heuristischen[1] Nutzen der Fabeln nennen können. – Warum fehlt es in allen Wissenschaften und Künsten so sehr an Erfindern und selbst denkenden Köpfen? Diese Frage wird am besten durch eine andre Frage beantwortet: Warum werden wir nicht besser erzogen? Gott gibt uns die Seele, aber das Genie müssen wir durch die Erziehung bekommen. Ein Knabe, dessen gesamte Seelenkräfte man, so viel als möglich, beständig in einerlei Verhältnissen ausbildet und erweitert, den man angewöhnt, alles, was er täglich zu seinem kleinen Wissen hinzulernt, mit dem, was er gestern bereits wusste, in der Geschwindigkeit zu vergleichen und Acht zu haben, ob er durch diese Vergleichung nicht von selbst auf Dinge kömmt, die ihm noch nicht gesagt worden, den man beständig aus einer Scienz[2] in die andere hinübersehen lässt, den man lehrt, sich ebenso leicht von dem Besondern zu dem Allgemeinen zu erheben, als von dem Allgemeinen zu dem Besondern sich wieder herabzulassen: Der Knabe wird ein Genie werden oder man kann nichts in der Welt werden.

Unter den Übungen nun, die diesem allgemeinen Plane zufolge angestellt werden müssten, glaube ich, würde die Erfindung äsopischer Fabeln eine von denen sein, die dem Alter eines Schülers am allerangemessensten wären: nicht, dass ich damit suchte, alle Schüler zu Dichtern zu machen; sondern weil es unleugbar ist, dass das Mittel, wodurch die Fabeln

Gotthold Ephraim Lessing

erfunden worden, gleich dasjenige ist, das allen Erfindern überhaupt das allergeläufigste sein muss. Dieses Mittel ist das Principium der Reduktion[3] […].

Aus: Gotthold Eprhraim Lessing: Von einem besondern Nutzen der Fabeln in den Schulen. In: G. E. Lessing: Werke. Hrsg. von Herbert G. Göpfert, Bd. 5. Carl Hanser Verlag, München 1973, S. 416.

---

1 heuristisch: Wissenschaft und Anleitung zur Gewinnung neuer Erkenntnisse
2 Scienz: Wissenschaft
3 Reduktion: hier: Zurückführung von etwas Kompliziertem auf etwas Einfaches

Aufgaben

1. Beschreibe Sie mit eigenen Worten, welche Art der Erziehung sich Lessing mit welchem Ziel vorstellt.

2. Erklären Sie, warum Lessing „die Erfindung äsopischer Fabeln" für eine geeignete Lernmethode hält.

Fortsetzung auf Seite 39

Gotthold Ephraim Lessing – Fabeln in den Schulen

Äsop (um 600 v. Chr.): Die Frösche verlangen nach einem König

Betrübt über die bei ihnen herrschende Anarchie¹, schickten die Frösche Abgesandte zu Zeus und baten, ihnen einen König zu geben. Der Gott, der ihre Beschränktheit erkannte, warf ein Holz in den See hinab. Zuerst erschrocken über den Wellenschlag, tauchten die Frösche in die Tiefe des Sees unter, später aber, als das Holz sich nicht mehr bewegte, tauchten sie wieder auf und bezeugten ihm eine derartige Missachtung, dass sie auf das Holz stiegen und sich darauf niederließen. Entrüstet darüber, dass sie einen solchen König haben sollten, begaben sie sich ein zweites Mal zu Zeus und ersuchten ihn, ihren Herrscher auszutauschen; denn der Erste sei doch gar zu träge. Darüber verärgert, schickte ihnen Zeus eine Seeschlange, die sie fing und verspeiste.

Aus: Antike Fabeln in einem Band. Hrsg. von Johannes Irmscher. Aufbau-Verlag, Berlin und Weimar 1987, S. 32.

1 Anarchie: politischer Zustand der Herrschaftslosigkeit

Aufgaben

3. Formulieren Sie die Lehre, die Äsops Fabel enthält.

Gotthold Ephraim Lessing: Die Wasserschlange (1759/1777)

Zeus hatte nunmehr den Fröschen einen andern König gegeben; anstatt eines friedlichen Klotzes eine gefräßige Wasserschlange. „Willst du unser König sein", schrien die Frösche, „warum verschlingst du uns?" – „Darum", antwortete die Schlange, weil ihr mich zum König gewählt habt", antwortete die Wasserschlange. „Ich habe dich nicht gewählt", rief ein Frosch. Die Schlange sah ihn böse an. „Nicht?", sagte sie. „_____
_____."

Aus: Gotthold Ephraim Lessing: Werke in drei Bänden. Hrsg. von Herbert G. Göpfert. Carl Hanser Verlag, München, Wien 1984, Band 1, S. 30.

4. Ergänzen Sie im Text oben eine mögliche Antwort der Schlange.

5. Vergleichen Sie Ihre Lösung mit dem Original und halten Sie fest:
   a) Welche Lehre drückt Lessings Fabel aus?

   b) Auf welche Weise geht Lessing mit der Vorlage von Äsop um? Was behält er bei, was verändert er?

Fortsetzung von Seite 39   **Gotthold Ephraim Lessing – Fabeln in den Schulen**

Aufgabe

6. Folgen Sie Lessing und schreiben Sie selbst eine Äsop-Fabel so um, dass sich eine neue Lehre ergibt. Wählen Sie dazu eine der unten stehenden Fabeln aus und orientieren Sie sich an dem Handlungsmodell unten rechts.

Äsop (um 600 v. Chr.): Löwe, Esel und Fuchs

Löwe, Esel und Fuchs gingen gemeinsam auf die Jagd. Nachdem sie reiche Beute gemacht hatten, beauftragte der Löwe den Esel mit der Verteilung. Der machte drei Teile und sagte dann dem Löwen, er solle sich einen Teil aussuchen. Da war der Löwe so böse, dass er den Esel gleich auffraß. Nun gab der Löwe dem Fuchs den Auftrag zu teilen. Der legte alles zusammen auf einen riesigen Haufen und forderte den Löwen auf, diesen zu nehmen; für sich selbst hatte er nur ein paar Knochen zurückbehalten. Als der Löwe fragte, wer ihn denn solche Teilung gelehrt habe, sagte er: „Das Missgeschick des Esels."

Äsop (um 600 v. Chr.): Der Löwenanteil

Der Löwe und der Waldesel gingen auf die Jagd und der Löwe setzte seine Stärke, der wilde Esel seine Schnelligkeit ein. Als sie einige Tiere erlegt hatten, teilte der Löwe die Beute in drei Haufen. „Den", sprach er, „werde ich mir nehmen als Erstes unter den Tieren, denn ich bin ihr König, den Zweiten als gleichberechtigter Jagdkumpan, und was den Dritten betrifft, so wird er dir großes Leid bringen, wenn du dich nicht augenblicklich davonmachst."

Beide Texte aus: Arbeitstexte für den Unterricht. Fabeln. Hrsg. von Therese Poser. Reclam Verlag, Stuttgart 2004, S. 9.

> **Handlungsmodell einer Fabel**
>
> **Ausgangssituation**
> beteiligte Tiere:
> Merkmale, Motive, Konflikt
> Wen repräsentieren die Tiere?
> ↓
> **Handlungsentwicklung/Dialog**
> ↓
> **Handlungsergebnis**
> ↓
> explizite oder implizite
> (nicht ausdrücklich genannte)
> **Moral**

Eine Fabel gestaltend interpretieren

Gotthold Ephraim Lessing: Der Rabe und der Fuchs (1759/1777)

Ein Rabe trug ein Stück vergiftetes Fleisch, das der erzürnte Gärtner für die Katzen seines Nachbarn hingeworfen hatte, in seinen Klauen fort. Und eben wollte er es auf einer alten Eiche verzehren, als sich ein Fuchs herbeischlich und ihm zurief: „Sei mir gesegnet, Vogel des Jupiters!"

„Für wen siehst du mich an?", fragte der Rabe. „Für wen ich dich ansehe?", erwiderte der Fuchs. „Bist du nicht der rüstige Adler, der täglich von der Rechten des Zeus auf diese Eiche herabkommt, mich Armen zu speisen? Warum verstellst du dich? Sehe ich denn nicht in der siegreichen Klaue die erflehte Gabe, die mir dein Gott durch dich zu schicken noch fortfährt?"

Der Rabe erstaunte und freute sich innig, für einen Adler gehalten zu werden. Ich muss, dachte er, den Fuchs aus diesem Irrtum nicht bringen. – Großmütig dumm ließ er ihm also seinen Raub herabfallen und flog stolz davon.

Der Fuchs fing das Fleisch lachend auf und fraß es mit boshafter Freude. Doch bald verkehrte sich die Freude in ein schmerzhaftes Gefühl; das Gift fing an zu wirken und er verreckte.

Möchtet ihr euch nie etwas anders als Gift erloben, verdammte Schmeichler!

Aus: Gotthold Ephraim Lessing: Werke. Hrsg. von Herbert Göpfert, Bd. 5. Carl Hanser Verlag, München 1973, S. 251.

Aufgaben

1. Entscheiden Sie sich für eine der folgenden Möglichkeiten:

   A Szenisches Spiel
   Führen Sie die Fabel in Form eines szenischen Spiels auf. Überlegen Sie vorher:
   - Wie lässt sich die Handlung ohne Erzähler präsentieren?
   - Wie muss die Handlung ausgeschmückt werden, sodass der Zuschauer versteht, was geschieht?
   - Welche Requisiten wollen Sie verwenden?

   B Perspektivwechsel
   Wie erlebt der Rabe diesen Vorfall? Was denkt er im Nachhinein darüber? Stellen Sie sich vor, dass er am Abend zu Hause erzählt, was sich zugetragen hat. Schreiben Sie in der Ich-Form.

   C Alternative Handlungsentwürfe
   Schreiben Sie die Fabel an einer Stelle Ihrer Wahl um, sodass die Handlung einen anderen Verlauf nimmt und sich eine neue Lehre ergibt.

   D Textelemente ersetzen
   Was wäre wenn? Schreiben Sie die Fabel um, indem Sie ein Element der Handlung (Tiere? Schauplatz?) durch ein anderes ersetzen. Was ändert sich am Handlungsverlauf und an der Lehre?

   E Einen Brief an den Autor schreiben
   Schreiben Sie einen Brief an Lessing und teilen Sie ihm mit, was Sie von Fabel und Lehre halten.

2. Werten Sie Ihre Produkte aus:
   a) Inwiefern tragen sie dazu bei, Lessings Fabel besser zu verstehen?
   b) Welche Lehre(n) vermittelt die Fabel?
   c) Inwiefern äußert sie auch Gesellschaftskritik?

Staatskritik in Fabeln

Gottlieb Konrad Pfeffel: Der Affe und der Löwe (1766)

Der Löwe brach ein Bein. Man rief
Den Doktor Fuchs ihn zu kurieren,
Doch alles Drehen, Schindeln, Schmieren
Half nichts; das Bein blieb lahm und schief.
5 Um dem Monarchen zu hofieren,
Erschien sein erster Hofpoet,
Ein Affe, der gar schlau sich dünkte,
Einst in der Residenz und hinkte
So arg als seine Majestät.
10 Wie?, sprach der Fürst ergrimmt zum Gecken,
Ich glaube gar, du willst mich necken.
Ich?, lallte Matz, behüte Gott!
Mich trieb die schönste meiner Pflichten,
Als treuer Knecht, als Patriot,
15 Nach deinem Vorbild mich zu richten.
Geh, Schelm, fiel ihm der König ein,
Statt meinen Fehler nachzuahmen,
So hink in deinem eignen Namen.
Er sprachs und brach ihm knacks ein Bein.
20 Die Lehre konnte sanfter sein,
Doch wäre sie den Herrn mit Orden
Und Schlüsseln heilsam, wie mich dünkt.
Wer heut mit seinem Fürsten hinkt,
Wird morgen ihm zu Ehren morden.

Aus: Gottlieb Konrad Pfeffel: Fabeln. Zitiert nach: Fabeln,
Parabeln und Gleichnisse. Hrsg. v. Reinhard Dithmar.
Dtv, München 1981, S. 224.

Aufgaben

1. Führen Sie die Fabel als szenisches Spiel auf. Halten Sie anschließend fest, welchen gesellschaftlichen Stand die Tiere repräsentieren und welche Lehre der Text vermittelt.

2. Besprechen Sie, ob die in dieser Fabel ausgedrückte Lehre noch heute aktuell ist. Argumentieren Sie mit Beispielen aus der Politik der Gegenwart.

Fortsetzung von Seite 42 **Staatskritik in Fabeln**

Friedrich Karl Freiherr von Moser (1723–1798): Der Löwen- und Tigerbund

Der Löwe und der Tiger zerfielen miteinander von Neuem, alles drohte schon einen blutigen Kampf und jeder von beiden suchte seine Partie und Anhang zu verstärken. „Sind wir nicht Narren, uns zu zanken", sprach endlich der Tiger zu dem Löwen, „haben wir doch beide genug."

Der Friede ward geschlossen und nun fielen sie über ihre Anhänger her. „Euch fresse ich", sprach der Löwe, „weil _____." – „Und ich euch", sagte der Tiger, „weil _____."

Aus: Arbeitstexte für den Unterricht. Fabeln. Hrsg. von Therese Poser. Reclam Verlag, Stuttgart 2004, S. 26.

Aufgaben

3. Wie werden sich die beiden Raubtiere rechtfertigen?
   Füllen Sie die Lücken und begründen Sie Ihre Lösung.

4. Vergleichen Sie Ihre Lösung mit dem Original im Lösungsteil und beurteilen Sie die Logik und Glaubwürdigkeit der Rechtfertigungen: Was verraten sie über die Motive der Herrschenden?

Gotthold Ephraim Lessing: Der kriegerische Wolf (1759/1777)

„Mein Vater, glorreichen Andenkens", sagte ein junger Wolf zu einem Fuchse, „das war ein rechter Held! Wie fürchterlich hat er sich nicht in der ganzen Gegend gemacht! Er hat über mehr als zweihundert Feinde, nach und nach, triumphiert und ihre schwarze Seelen in das Reich des Verderbens gesandt. Was Wunder also, dass er endlich doch einem unterliegen musste!"

„So würde sich ein Leichenredner ausdrücken," sagte der Fuchs, „der trockene Geschichtsschreiber aber würde hinzusetzen: Die zweihundert Feinde, über die er, nach und nach, triumphiert, waren Schafe und Esel; und der eine Feind, dem er unterlag, war der erste Stier, den er sich anzufallen erkühnte."

Aus: Gotthold Ephraim Lessing: Werke. Hrsg. von Herbert Göpfert, Bd. 5. Carl Hanser Verlag, München 1973, S. 236.

5. Schreiben Sie die zwei Texte, die der Fuchs erwähnt:
   • die Leichenrede, die der junge Wolf am Grabe seines Vaters halten könnte,
   • den kurzen Bericht eines Historikers.
   Werten Sie Ihre Texte im Hinblick auf die politischen Interessen aus, die sie vertreten.

6. Welchen heutigen Machthabern sollte man die Fabel Lessings zur Lektüre empfehlen?
   Geben Sie Beispiele.

7. Fassen Sie zusammen, welche Kritik am absolutistischen Herrscher die drei Fabeln jeweils üben.
   Untersuchen Sie zudem, ob auch die Untertanen kritisiert werden und der Aufklärung bedürfen.

Johann Christoph Gottsched –
Das aufklärerische Tragödienkonzept vor Lessing

**Johann Christoph Gottsched:
Versuch einer Critischen Dichtkunst
vor[1] die Deutschen** (1729) – Auszug

Bei den Griechen war also […] die Tragödie zu ihrer Vollkommenheit gebracht; und kann in diesem ihrem Zustande gar wohl ein Trauerspiel heißen: Weil sie zu ihrer Absicht hatte, Traurigkeit, Schrecken,
5 Mitleiden und Bewunderung bei den Zuschauern zu erwecken. Aristoteles beschreibt sie derowegen als eine Nachahmung einer Handlung, dadurch sich eine vornehme Person harte und unvermutete Unglücksfälle zuziehet. Der Poet will also durch die Fabeln
10 Wahrheiten lehren, die Zuschauer aber durch den Anblick solcher schweren Fälle der Großen dieser Welt zu ihren eigenen Trübsalen vorbereiten. […]
Wie eine gute tragische Fabel[2] gemacht werden müsse, ist schon im IVten Kapitel einigermaßen
15 gewiesen worden. Der Poet wählet sich einen moralischen Lehrsatz, den er seinen Zuschauern auf eine sinnliche Art einprägen will. Dazu ersinnt er sich eine allgemeine Fabel, daraus die Wahrheit seines Satzes erhellet. Hiernächst sucht er in der Historie
20 solche berühmte Leute, denen etwas Ähnliches begegnet ist: Und von diesen entlehnet er die Namen vor die Personen seiner Fabel, um derselben also ein Ansehen zu geben. Er erdenket sodann alle Umstände dazu, um die Hauptfabel recht wahrscheinlich zu
25 machen, und das werden die Zwischenfabeln oder Episodia genannt. Dieses teilt er denn in fünf Stücke[3] ein, die ungefähr gleich groß sind, und ordnet sie so, dass natürlicherweise das Letztere aus dem Vorhergehenden fließet: bekümmert sich aber weiter
30 nicht, ob alles in der Historie so vorgegangen oder ob alle Nebenpersonen wirklich so und nicht anders geheißen. […]

Johann Christoph Gottsched

Diese Fabel nun zu erdichten, sie recht wahrscheinlich einzurichten und wohl auszuführen, das ist das Allerschwerste in einer Tragödie. Es hat viele Poeten gegeben, die in allem anderen Zubehör des 35 Trauerspiels, in den Charakteren, in dem Ausdrucke, in den Affekten[4] etc. glücklich gewesen: Aber in der Fabel ist es sehr wenigen gelungen.

Johann Christoph Gottsched: Ausgewählte Werke. Hrsg. von Joachim Birke und P. M. Mitchell. Bd. 6.2. Berlin, New York 1968–1987, S. 312–319.

---

1 vor: für
2 Fabel: hier: Handlung
3 Stücke: Akte
4 Affekte: Leidenschaft; Zustand einer starken seelischen Anspannung

Aufgaben

1. Erläutern Sie mit eigenen Worten Wesen und Ziel der Tragödie nach Gottsched.

2. Verdeutlichen Sie, inwiefern dieser Text aufklärerische Gedanken enthält.

Fortsetzung von Seite 44

**Johann Christoph Gottsched –
Das aufklärerische Tragödienkonzept vor Lessing**

Aufgaben

3. Gottsched gibt eine Anleitung zum Schreiben eines Trauerspiels.
   Notieren Sie die Schrittfolge in der folgenden Grafik.

Anleitung zum Schreiben eines Trauerspiels

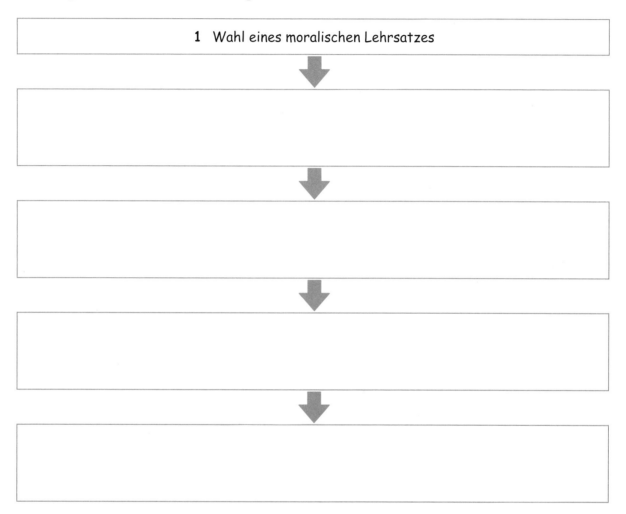

4. Erproben Sie Gottscheds Rezept, indem Sie in Ihrem Heft eine Tragödienhandlung skizzieren und sich dabei an die von Gottsched vorgeschlagene Schrittfolge halten.

5. Stellen Sie Ihre Handlungsentwürfe aus Aufgabe 4 in der Gruppe vor und besprechen Sie in Gruppenarbeit, was noch verbessert werden könnte.

6. Überzeugt Sie Gottscheds Ansatz? Diskutieren Sie darüber und beziehen Sie dabei mit ein, was Gottscheds Zeitgenossen an dieser Theorie kritisiert haben könnten.

Projektvorschlag:

7. Entscheiden Sie sich für eine oder mehrere Handlungsskizzen aus Aufgabe 5 und gestalten Sie sie in Kleingruppen zu einer Tragödie aus. Verfassen Sie Dialoge, Monologe und Regieanweisungen und teilen Sie das Stück in Szenen und fünf Akte ein. Besonders reizvoll ist es, wenn Sie Ihr Stück anschließend vorspielen.

Lessings Mitleidstheorie

Aufgabe

1. Lesen Sie die beiden Textauszüge genau und fassen Sie die Kernaussagen in der rechten Tabellenspalte zusammen.

Lessings Dramentheorie	Kernaussagen
Gotthold Ephraim Lessing: **Brief an Friedrich Nicolai im November 1756** Wenn es also wahr ist, dass die ganze Kunst des tragischen Dichtens auf die sichere Erregung und Dauer des einigen Mitleidens geht, so sage ich nunmehr, die Fähigkeit der Tragödie ist diese: Sie soll unsere Fähigkeit, Mitleid zu fühlen, erweitern. Sie soll uns nicht bloß lehren, gegen diesen oder jenen Unglücklichen Mitleid zu fühlen, sondern sie soll uns so weit fühlbar machen, dass uns der Unglückliche zu allen Zeiten und unter allen Gestalten rühren und für sich einnehmen muss. […] Der mitleidigste Mensch ist der beste Mensch, zu allen gesellschaftlichen Tugenden, zu allen Arten der Großmut der aufgelegteste. Wer uns also mitleidig macht, macht uns besser und tugendhafter […]. Auf gleiche Weise verfahre ich mit der Komödie. Sie soll uns zur Fertigkeit verhelfen, alle Arten des Lächerlichen leicht wahrzunehmen. Wer diese Fertigkeit besitzt, wird in seinem Betragen alle Arten des Lächerlichen zu vermeiden suchen und eben dadurch der wohlerzogenste und gesittetste Mensch werden. Und so ist auch die Nützlichkeit der Komödie gerettet. *Aus: Die deutsche Literatur in Text und Darstellung. Aufklärung und Rokoko. Hrsg. von Otto F. Best und Hans-Jürgen Schmitt. Reclam Verlag, Stuttgart 1986, Bd. 5, S. 107.*	
Gotthold Ephraim Lessing: Hamburgische Dramaturgie **Vierzehntes Stück** **Den 16. Junius 1767** […] Die Namen von Fürsten und Helden können einem Stücke Pomp und Majestät geben; aber zur Rührung tragen sie nichts bei. Das Unglück derjenigen, deren Umstände den unsrigen am nächsten kommen, muss natürlicherweise am tiefsten in unsere Seele dringen; und wenn wir mit Königen Mitleiden haben, so haben wir es mit ihnen als mit Menschen und nicht als mit Königen. Macht ihr Stand schon öfters ihre Unfälle wichtiger, so macht er sie darum nicht interessanter. Immerhin mögen ganze Völker darein verwickelt werden; unsere Sympathie erfordert einen einzelnen Gegenstand und ein Staat ist ein viel zu abstrakter Begriff für unsere Empfindungen. *Gotthold Ephraim Lessing: Hamburgische Dramaturgie. Wilhelm Goldmann Verlag, München 1966, S. 61.*	

Fortsetzung auf Seite 47

Fortsetzung von Seite 46

Lessings Mitleidstheorie

Aufgaben

2. Begründen Sie mit Hilfe von Schlüsselstellen aus den Texten auf Seite 46, welche erzieherischen Ziele Lessing mit dem Drama verfolgt. Arbeiten Sie in Ihrem Heft.

3. Mit „Miss Sara Sampson" (1755) schrieb Lessing das erste bürgerliche Trauerspiel der deutschsprachigen Literatur. Verdeutlichen Sie anhand der knappen Zusammenfassung, wie Lessing seine Dramentheorie in die Praxis umsetzt. Arbeiten Sie in Ihrem Heft.

Gotthold Ephraim Lessing: Miss Sara Sampson (Inhaltsangabe)

Das Drama spielt in einem Gasthof in England. Hier machen der Lebemann Mellefont und seine Geliebte, die sittsame Miss Sara Sampson, Zwischenstation. Sie befinden sich auf dem Weg nach Frankreich, um dort zu heiraten. Sie werden allerdings aufgehalten, weil eine Erbschaft, die Mellefont erwartet, nicht eintrifft. Für Sara ist der Zustand eines außerehelichen Zusammenlebens unerträglich, denn sie fürchtet um ihren tugendhaften Ruf. Auf einmal taucht Marwood, die ehemalige Geliebte Mellefonts, mit der gemeinsamen Tochter auf. Sie versucht, Mellefont zurückzugewinnen, wird von ihm aber abgewiesen. Mittlerweile ist auch Saras Vater Sir William eingetroffen, der den beiden Flüchtenden vergibt und sie zur Rückkehr bewegen möchte. Schließlich überstürzen sich die Ereignisse und der Marwood gelingt es nach einer heftigen Aussprache mit ihrer Rivalin, diese zu vergiften. Sterbend macht Sara Frieden mit ihrem Vater, dem Geliebten und der Nebenbuhlerin. Angesichts von so viel Edelmut verzichtet Mellefont darauf, sich an der Marwood zu rächen. Überwältigt von Reue nimmt er sich das Leben. Die beiden Liebenden finden sich im gemeinsamen Grab miteinander vereint.

4. Der folgende Text beschreibt die Intention der griechischen Tragödie. Erklären Sie den dargestellten Katharsis-Effekt am Beispiel von „Miss Sara Sampson". Sie können auch auf eigene Erfahrungen mit Filmen, Theaterstücken oder Musik zurückgreifen.

Manfred Fuhrmann: Einführung in die Poetik des Aristoteles (1976)

Das Wort *éleos* lässt sich am besten durch „Jammern" oder „Rührung" wiedergeben: Es bezeichnete stets einen heftigen, physisch sich äußernden Affekt und wurde oft mit den Ausdrücken für Klagen, Zetern und Wehgeschrei verbunden. Die aristotelische Rhetorik verlieh dem Begriff eine ethische Komponente: *éleos* sei der Verdruss über ein großes Übel, dass jemanden treffe, der es nicht verdient habe; wer *éleos* empfinde, nehme an, dass das Übel auch ihn selbst oder eine ihm nahestehende Person treffen könne. [...] Der Begriff *kátharsis* wurde seit jeher in zwei Bereichen verwendet. In der Religion, im Kult bezeichnete er ursprünglich materiell aufgefasste Purifikation[1] von einer Befleckung. [...] Die Ärzte hingegen gebrauchten das Wort als Terminus technicus für die Ausscheidung schädlicher Substanzen. [...] Die orgiastische, Entspannung verschaffende Musik appelliert an die Affekte, zumal an Jammer und Schaudern, und sie bewirkt eine mit Lust verbundene *kátharsis*. Dasselbe gilt offenbar für die Tragödie: Auch sie verschafft dem Publikum Gelegenheit, bestimmten Affekten freien Lauf zu lassen, und bereitet ihm durch diese Entladung Vergnügen.

Manfred Fuhrman: Einführung. In: Aristoteles: Poetik. Eingeleitet, übersetzt und erläutert von Manfred Fuhrmann. Heimeran Verlag, München 1976, S. 22–25.

1 Purifikation: Reinigung, Läuterung

5. Erläutern Sie den Zusammenhang zwischen dem Katharsis-Konzept und den Zielen der Aufklärung.

Lessings Konzept der gemischten Charaktere

Gotthold Ephraim Lessing: Hamburgische Dramaturgie (1767–69)

„Das Mitleid", sagt Aristoteles, „verlangt einen, der unverdient leidet: und die Furcht einen unsersgleichen. Der Bösewicht ist weder dieses noch jenes: folglich kann auch sein Unglück weder das Erste noch das andere erregen." […]

Er spricht von Mitleid und Furcht, nicht von Mitleid und Schrecken; und seine Furcht ist durchaus nicht die Furcht, welche uns das bevorstehende Übel eines andern, für diesen andern, erweckt, sondern es ist die Furcht, welche aus unserer Ähnlichkeit mit der leidenden Person für uns selbst entspringt; es ist die Furcht, dass die Unglücksfälle, die wir über diese verhängt sehen, uns selbst treffen können; es ist die Furcht, dass wir der bemitleidete Gegenstand selbst werden können. Mit einem Worte: Diese Furcht ist das auf uns selbst bezogene Mitleid. […]

Es beruhet aber alles auf dem Begriffe, den sich Aristoteles von dem Mitleiden gemacht hat. Er glaubte nämlich, dass das Übel, welches der Gegenstand unsers Mitleidens werden solle, notwendig von der Beschaffenheit sein müsse, dass wir es auch für uns selbst oder für eines von den Unsrigen zu befürchten hätten. Wo diese Furcht nicht sei, könne auch kein Mitleiden stattfinden. Denn weder der, den das Unglück so tief herabgedrückt habe, dass er weiter nichts für sich zu fürchten sähe, noch der, welcher sich so vollkommen glücklich glaube, dass er gar nicht begreife, woher ihm ein Unglück zustoßen könne, weder der Verzweifelnde noch der Übermütige, pflege mit andern Mitleid zu haben. Er erkläret daher auch das Fürchterliche und das Mitleidswürdige, eines durch das andere. Alles das, sagt er, ist uns fürchterlich, was, wenn es einem andern begegnet wäre oder begegnen sollte, unser Mitleid erwecken würde: und alles das finden wir mitleidswürdig, was wir fürchten würden, wenn es uns selbst bevorstünde. Nicht genug also, dass der Unglückliche, mit dem wir Mitleiden haben sollen, sein Unglück nicht verdiene, ob er es sich schon durch irgendeine Schwachheit zugezogen: seine gequälte Unschuld oder vielmehr seine zu hart heimgesuchte Schuld sei für uns verloren, sei nicht vermögend, unser Mitleid zu erregen, wenn wir keine Möglichkeit sähen, dass uns sein Leiden auch treffen könne. Diese Möglichkeit aber finde sich alsdenn und könne zu einer großen Wahrscheinlichkeit erwachsen, wenn ihn der Dichter nicht schlimmer mache, als wir gemeiniglich zu sein pflegen, wenn er ihn vollkommen so denken und handeln lasse, als wir in seinen Umständen würden gedacht und gehandelt haben oder wenigstens glauben, dass wir hätten denken und handeln müssen: kurz, wenn er ihn mit uns von gleichem Schrot und Korne schildere. Aus dieser Gleichheit entstehe die Furcht, dass unser Schicksal gar leicht dem seinigen ebenso ähnlich werden könne, als wir ihm zu sein uns selbst fühlen: und diese Furcht sei es, welche das Mitleid gleichsam zur Reife bringe.

Gotthold Ephraim Lessing: Hamburgische Dramaturgie. In: Gotthold Ephraim Lessing: Werke in drei Bänden. Band II: Kritische und philosophische Schriften. Carl Hanser Verlag, München o.J., S. 581–586.

Aufgaben

1. Entwickeln Sie ein Schaubild, das den Argumentationsgang Lessings darstellt. Klären Sie darin insbesondere, welche Bedeutung die Begriffe „Mitleid" und „Furcht" haben.

2. Versuchen Sie, ausgehend von Ihren Ergebnissen aus Aufgabe 1, den Begriff des „gemischten Charakters" bei Lessing zu erläutern.

3. Informieren Sie sich über das Drama „Emilia Galotti" (S. 49) und erläutern Sie anhand einer Figur des Dramas, warum es sich bei dieser um einen gemischten Charakter handelt.

4. Ist ein gemischter Charakter die Voraussetzung für Identifikation? Erörtern Sie die Frage im Hinblick auf Lessings Dramen und unter Einbeziehung eigener Erfahrungen mit Büchern, Theatern oder Filmen. Nehmen Sie abschließend Stellung.

Emilia Galotti – Ein bürgerliches Trauerspiel

Aufgaben

1. Tragen Sie zusammen, was Sie aus den Materialien auf dieser Seite über Emilia und ihren Vater Odoardo Galotti erfahren. Was zeichnet sie aus? Inwiefern darf man sie trotz ihrer Zughörigkeit zum Adel als Bürger bezeichnen?

2. Skizzieren Sie mit Hilfe der Materialien einen möglichen Handlungsverlauf.

3. Haben Sie Mitleid mit Emilia? Informieren Sie sich über Lessings Mitleidstheorie (S. 46–48) und nehmen Sie persönlich Stellung.

4. Diskutieren Sie das Ende des Dramas kontrovers.

Das **Genre des bürgerlichen Trauerspiels** findet in Deutschland bei Lessing seinen ersten Höhepunkt. Was die Familie Galotti unabhängig von ihrer Zugehörigkeit zum niederen Landadel und zur Militäraristokratie (bedingt durch den Offiziersrang des Vaters) dennoch als Bürger ausweist, ist ihr moralischer Anspruch. Mit den Ausschweifungen des Hochadels wollen sie sich um keinen Preis gemein machen, und koste es das Leben. Wenn Emilia im tragischen Finale auf eigenes Drängen von der Hand ihres Vaters stirbt, so führt hier letztlich der moralische Rigorismus des Bürgers den tödlichen Dolch. Emilia fordert ihren Tod von ihrem Vater, um ihre Unschuld vor dem Zugriff des lüsternen Prinzen zu bewahren. Dass dieses Ende viel und sehr kontrovers diskutiert wurde, kann nicht wundern.

Bürgertum und Willkür des Adels treffen in Lessings „Emilia Galotti" (1772) auf tragische Weise zusammen.

Marinelli, der Kammerherr des Prinzen, über Appiani und Emilia:
MARINELLI: [...] Ein Mädchen ohne Vermögen und ohne Rang hat ihn in ihre Schlinge zu ziehen gewusst – mit ein wenig Larve: aber mit vielem Prunke von Tugend und Gefühl und Witz – und was weiß ich? [I,6]

Der angeworbene Entführer Angelo unterhält sich mit dem Diener Pirro über seinen Herren Odoardo Galotti.
ANGELO: [...] Eins muss ich doch fragen. – Da kam ja der alte Galotti so ganz allein in die Stadt gesprengt. Was will der?
PIRRO: Nichts will er: ein bloßer Spazierritt. Seine Tochter wird heut' Abend auf dem Gute, von dem er herkömmt, dem Grafen Appiani angetrauet. Er kann die Zeit nicht erwarten –
ANGELO: Und reitet bald wieder hinaus?
PIRRO: So bald, dass er dich hier trifft, wo du noch lange verziehest. – Aber du hast doch keinen Anschlag auf ihn? Nimm dich in Acht. Er ist ein Mann –
ANGELO: Kenn ich ihn nicht? Hab ich nicht unter ihm gedient? [...]
[II,3]

Der Prinz vor dem Gemälde Emilias zum Maler Conti auf dessen Frage, ob er Emilia kenne:
DER PRINZ *(indem er sich zu fassen sucht, aber ohne ein Auge von dem Bild zu verwenden)*: So halb! – um sie eben wiederzukennen. – Es ist einige Wochen her, als ich sie mit ihrer Mutter in einer Vegghia [d. i. Abendgesellschaft] traf. – Nachher ist sie mir nur an heiligen Stätten wieder vorgekommen – wo das Angaffen sich weniger ziemet. – Auch kenne ich ihren Vater. Er ist mein Freund nicht. Er war es, der sich meinen Ansprüchen auf Sabionetta am meisten widersetzte. – Ein alter Degen, stolz und rau, sonst bieder und gut! –
[I,4]

Textauszüge aus: Gotthold Ephraim Lessing: Emilia Galotti. In: Werke. Carl Hanser Verlag, München 1971.

Lessings „Nathan der Weise" – Themen und Konflikte

Gotthold Ephraim Lessing: Nathan der Weise (1779)

Personenverzeichnis
SULTAN SALADIN
SITTAH, dessen Schwester
NATHAN, ein reicher Jude in Jerusalem
RECHA, dessen angenommene Tochter
DAJA, eine Christin, aber in dem Hause des Juden, als Gesellschafterin der Recha
EIN JUNGER TEMPELHERR
EIN DERWISCH
DER PATRIARCH VON JERUSALEM
EIN KLOSTERBRUDER
EIN EMIR NEBST verschiednen Mamelucken des Saladin

Die Szene ist in Jerusalem

Erster Aufzug, erster Auftritt

(Szene: Flur in Nathans Hause.)
Nathan von der Reise kommend. Daja ihm entgegen.
DAJA: Er ist es! Nathan! – Gott sei ewig Dank,
    Dass Ihr doch endlich einmal wiederkommt.
NATHAN: Ja, Daja; Gott sei Dank! Doch warum
                                             endlich?
    Hab ich denn eher wiederkommen wollen?
5   Und wiederkommen können? Babylon
    Ist von Jerusalem, wie ich den Weg
    Seitab bald rechts, bald links zu nehmen bin
    Genötigt worden, gut zweihundert Meilen;
    Und Schulden einkassieren, ist gewiss
10 Auch kein Geschäft, das merklich födert, das
    So von der Hand sich schlagen lässt.
    DAJA: O Nathan,
    Wie elend, elend hättet Ihr indes
    Hier werden können! Euer Haus …
NATHAN: Das brannte.
    So hab ich schon vernommen. – Gebe Gott,
15 Dass ich nur alles schon vernommen habe!
DAJA: Und wäre leicht von Grund aus abgebrannt.
NATHAN: Dann, Daja, hätten wir ein neues uns
    Gebaut; und ein bequemeres.
DAJA: Schon wahr! –
    Doch *Recha* wär bei einem Haare mit
    Verbrannt.
NATHAN: Verbrannt? Wer? meine Recha? sie? – 20
    Das hab ich nicht gehört. – Nun dann! So hätte
    Ich keines Hauses mehr bedurft. – Verbrannt
    Bei einem Haare! – Ha! sie ist es wohl!
    Ist wirklich wohl verbrannt! – Sag nur heraus!
    Heraus nur! – Töte mich: und martre mich 25
    Nicht länger. – Ja, sie ist verbrannt.
DAJA: Wenn sie
    Es wäre, würdet Ihr von mir es hören?
NATHAN: Warum erschreckest du mich denn? –
                                       O Recha!
    O meine Recha!
DAJA: Eure? Eure Recha?
NATHAN: Wenn ich mich wieder je entwöhnen 30
                                         müsste,
    Dies Kind mein Kind zu nennen!
DAJA: Nennt Ihr alles,
    Was Ihr besitzt, mit ebenso viel Rechte
    Das Eure?

Aus: Gotthold Ephraim Lessing: Nathan der Weise. Cornelsen Schulverlage, Berlin 2013, S. 17 f.

Aufgaben

1. Notieren Sie die Themen und Konflikte, die der Beginn des Dramas entwickelt. Berücksichtigen Sie auch das Personenverzeichnis und den Schauplatz der Handlung.

2. Spekulieren Sie über den weiteren Handlungsverlauf. Beschriften Sie dazu eine Spannungskurve mit Stichworten.

3. Stellen Sie Überlegungen dazu an, worüber das Drama „aufklären" könnte.

Die Ringparabel – Toleranz und Humanität

Gotthold Ephraim Lessing: Nathan der Weise (1779)

Dritter Aufzug, Fünfter Auftritt

Das Versdrama „Nathan der Weise" setzt die heftige theologische Auseinandersetzung, in die Lessing mit dem Hamburger Hauptpastor Goeze verwickelt war, nach einem Publikationsverbot seiner Streitschriften mit dramatischen Mitteln fort (siehe S. 12).
Das Stück spielt zur Zeit der Kreuzzüge in Jerusalem. Der jüdische Kaufmann Nathan erfährt nach der Rückkehr von einer Geschäftsreise, dass seine Adoptivtochter Recha von einem Tempelherrn – dem Angehörigen eines christlichen Ritterordens – vor dem Feuertod gerettet wurde. Dieser war in die Gefangenschaft des Herrschers über Jerusalem, Sultan Saladin, geraten und entging seiner Hinrichtung nur, weil er den Sultan an seinen toten Bruder Assam erinnerte. Der Sultan seinerseits steckt in finanziellen Schwierigkeiten und versucht auf den Rat seiner Schwester Sittah, Nathan in eine Falle zu locken, um an dessen Geld zu kommen. Er stellt ihm deshalb die folgende Frage:

SALADIN: [...] – Da du nun
So weise bist: so sage mir doch einmal –
Was für ein Glaube, was für ein Gesetz
Hat dir am meisten eingeleuchtet?
NATHAN: Sultan,
Ich bin ein Jud'.
SALADIN: Und ich ein Muselmann.
Der Christ ist zwischen uns. – Von diesen drei
Religionen kann doch eine nur
Die wahre sein. – [...]

Aus: Gotthold Ephraim Lessing: Nathan der Weise.
Cornelsen Schulverlage, Berlin 2013, S. 17f.

Aufgaben

1. Erklären Sie, in welchem Konflikt sich Nathan befindet und vor welchen Fallen er sich hüten muss.

2. „Was für ein Glaube, was für ein Gesetz / Hat dir am meisten eingeleuchtet?" (Z. 3f.)
   Notieren Sie die Antwort, die Sie auf diese theologische Streitfrage geben würden.

   _____
   _____
   _____
   _____
   _____

3. Stellen Sie Vermutungen an: Mit welcher Strategie könnte Nathan sich aus der Affäre ziehen?

4. Nathan beantwortet die Frage des Sultans mit der berühmten Ringparabel, die den Schlüssel zum Verständnis des Dramas enthält.
   Unterstreichen Sie bei der Lektüre des Textes auf den Seiten 52 und 53 alles Wichtige zur Bedeutung des Ringes.

Fortsetzung auf Seite 52

Die Ringparabel – Toleranz und Humanität

Gotthold Ephraim Lessing: Nathan der Weise (1779)

Dritter Aufzug, Siebenter Auftritt

[…]

NATHAN: Vor grauen Jahren lebt ein Mann in Osten,
Der einen Ring von unschätzbarem Wert
Aus lieber Hand besaß. Der Stein war ein
Opal, der hundert schöne Farben spielte,
5 Und hatte die geheime Kraft, vor Gott
Und Menschen angenehm zu machen, wer
In dieser Zuversicht ihn trug. Was Wunder,
Dass ihn der Mann in Osten darum nie
Vom Finger ließ und die Verfügung traf,
10 Auf ewig ihn bei seinem Hause zu
Erhalten? Nämlich so. Er ließ den Ring
Von seinen Söhnen dem geliebtesten
Und setzte fest, dass dieser wiederum
Den Ring von seinen Söhnen dem vermache,
15 Der ihm der liebste sei; und stets der liebste,
Ohn' Ansehn der Geburt, in Kraft allein
Des Rings, das Haupt, der Fürst des Hauses
                                    werde. –
Versteh mich, Sultan.
SALADIN: Ich versteh dich. Weiter!
NATHAN: So kam nun dieser Ring, von Sohn zu
                                    Sohn,
20 Auf einen Vater endlich von drei Söhnen;
Die alle drei ihm gleich gehorsam waren,
Die alle drei er folglich gleich zu lieben
Sich nicht entbrechen konnte. Nur von Zeit
Zu Zeit schien ihm bald der, bald dieser, bald
25 Der dritte, – so wie jeder sich mit ihm
Allein befand und sein ergießend Herz
Die andern zwei nicht teilten, – würdiger
Des Ringes; den er denn auch einem jeden
Die fromme Schwachheit hatte, zu versprechen.
30 Das ging nun so, solang es ging. – Allein
Es kam zum Sterben, und der gute Vater
Kömmt in Verlegenheit. Es schmerzt ihn, zwei
Von seinen Söhnen, die sich auf sein Wort
Verlassen, so zu kränken. – Was zu tun? –
35 Er sendet in geheim zu einem Künstler,
Bei dem er, nach dem Muster seines Ringes,
Zwei andere bestellt und weder Kosten
Noch Mühe sparen heißt, sie jenem gleich,
Vollkommen gleich zu machen. Das gelingt
40 Dem Künstler. Da er ihm die Ringe bringt,
Kann selbst der Vater seinen Musterring
Nicht unterscheiden. Froh und freudig ruft
Er seine Söhne, jeden insbesondre;
Gibt jedem insbesondre seinen Segen, –
Und seinen Ring – und stirbt. – Du hörst doch, 45
                                    Sultan?
SALADIN (der sich betroffen von ihm gewandt):
Ich hör, ich höre! – Komm mit deinem Märchen
Nur bald zu Ende. – Wird's?
NATHAN: Ich bin zu Ende.
Denn was noch folgt, versteht sich ja von selbst. –
Kaum war der Vater tot, so kömmt ein jeder
Mit seinem Ring, und jeder will der Fürst 50
Des Hauses sein. Man untersucht, man zankt,
Man klagt. Umsonst; der rechte Ring war nicht
Erweislich; –
*(nach einer Pause, in welcher er des Sultans
Antwort erwartet)*
            Fast so unerweislich als
Uns itzt – der rechte Glaube.
SALADIN: Wie? das soll
Die Antwort sein auf meine Frage? … 55
NATHAN: Soll
Mich bloß entschuldigen, wenn ich die Ringe
Mir nicht getrau zu unterscheiden, die
Der Vater in der Absicht machen ließ,
Damit sie nicht zu unterscheiden wären.
SALADIN: Die Ringe! – Spiele nicht mit mir! – 60
                                    Ich dächte,
Dass die Religionen, die ich dir
Genannt, doch wohl zu unterscheiden wären.
Bis auf die Kleidung, bis auf Speis' und Trank!
NATHAN: Und nur vonseiten ihrer Gründe nicht. –
Denn gründen alle sich nicht auf Geschichte? 65
Geschrieben oder überliefert! – Und
Geschichte muss doch wohl allein auf Treu
Und Glauben angenommen werden? – Nicht? –
Nun, wessen Treu und Glauben zieht man denn
Am wenigsten in Zweifel? Doch der Seinen? 70
Doch deren Blut wir sind? doch deren, die
Von Kindheit an uns Proben ihrer Liebe
Gegeben? die uns nie getäuscht, als wo
Getäuscht zu werden uns heilsamer war? –
Wie kann ich meinen Vätern weniger 75
Als du den deinen glauben? Oder umgekehrt. –
Kann ich von dir verlangen, dass du deine
Vorfahren Lügen strafst, um meinen nicht
Zu widersprechen? Oder umgekehrt.
Das Nämliche gilt von den Christen. Nicht? – 80
SALADIN: (Bei dem Lebendigen! Der Mann hat recht.
Ich muss verstummen.)
NATHAN: Lass auf unsre Ring'
Uns wieder kommen. Wie gesagt: Die Söhne
Verklagten sich; und jeder schwur dem Richter,

Die Ringparabel – Toleranz und Humanität

Unmittelbar aus seines Vaters Hand
Den Ring zu haben. – Wie auch wahr! –
                                   Nachdem
Er von ihm lange das Versprechen schon
Gehabt, des Ringes Vorrecht einmal zu
Genießen. – Wie nicht minder wahr! – Der Vater,
Beteu'rte jeder, könne gegen ihn
Nicht falsch gewesen sein; und eh' er dieses
Von ihm, von einem solchen lieben Vater,
Argwohnen lass: eh' müss er seine Brüder,
So gern er sonst von ihnen nur das Beste
Bereit zu glauben sei, des falschen Spiels
Bezeihen; und er wolle die Verräter
Schon auszufinden wissen; sich schon rächen.
SALADIN:
Und nun, der Richter? – Mich verlangt zu hören,
Was du den Richter sagen lässest. Sprich!
NATHAN: Der Richter sprach: Wenn ihr mir nun
                                   den Vater
Nicht bald zur Stelle schafft, so weis ich euch
Von meinem Stuhle. Denkt ihr, dass ich Rätsel
Zu lösen da bin? Oder harret ihr,
Bis dass der rechte Ring den Mund eröffne? –
Doch halt! Ich höre ja, der rechte Ring
Besitzt die Wunderkraft, beliebt zu machen;
Vor Gott und Menschen angenehm. Das muss
Entscheiden! Denn die falschen Ringe werden
Doch das nicht können! – Nun; wen lieben zwei
Von Euch am meisten? – Macht, sagt an! Ihr
                                   schweigt?
Die Ringe wirken nur zurück? und nicht
Nach außen? Jeder liebt sich selber nur
Am meisten? – Oh, so seid ihr alle drei
Betrogene Betrüger! Eure Ringe
Sind alle drei nicht echt. Der echte Ring
Vermutlich ging verloren. Den Verlust
Zu bergen, zu ersetzen, ließ der Vater
Die drei für einen machen.
SALADIN: Herrlich! herrlich!
NATHAN: Und also, fuhr der Richter fort, wenn ihr
Nicht meinen Rat, statt meines Spruches, wollt:
Geht nur! – Mein Rat ist aber der: Ihr nehmt
Die Sache völlig, wie sie liegt. Hat von
Euch jeder seinen Ring von seinem Vater:
So glaube jeder sicher seinen Ring
Den echten. – Möglich; dass der Vater nun
Die Tyrannei des einen Rings nicht länger
In seinem Hause dulden wollen! – Und gewiss;
Dass er euch alle drei geliebt und gleich
Geliebt: indem er zwei nicht drücken mögen,
Um einen zu begünstigen. – Wohlan!
Es eifre jeder seiner unbestochnen
Von Vorurteilen freien Liebe nach!
Es strebe von euch jeder um die Wette,
Die Kraft des Steins in seinem Ring an Tag
Zu legen! komme dieser Kraft mit Sanftmut,
Mit herzlicher Verträglichkeit, mit Wohltun,
Mit innigster Ergebenheit in Gott
Zu Hilf'! Und wenn sich dann der Steine Kräfte
Bei euern Kindes-Kindeskindern äußern:
So lad ich über tausend tausend Jahre
Sie wiederum vor diesen Stuhl. Da wird
Ein weiserer Mann auf diesem Stuhle sitzen
Als ich; und sprechen. Geht! – So sagte der
Bescheidne Richter.
SALADIN: Gott! Gott!
NATHAN: Saladin,
Wenn du dich fühlest, dieser weisere
Versprochne Mann zu sein: …
SALADIN *(der auf ihn zustürzt und seine Hand ergreift, die er bis zu Ende nicht wieder fahren lässt)*:
                                   Ich Staub? Ich
                                   Nichts?
O Gott!
NATHAN: Was ist dir, Sultan?
SALADIN: Nathan, lieber
                                   Nathan! –
Die tausend tausend Jahre deines Richters
Sind noch nicht um. – Sein Richterstuhl ist nicht
Der meine. – Geh! – Geh! – Aber sei mein
                                   Freund.

Aus: Gotthold Ephraim Lessing: Nathan der Weise. Cornelsen Schulverlage, Berlin 2013, S. 93 f.

Aufgaben

5. Formulieren Sie die Kernaussage der Ringparabel in einem Satz.

6. Schreiben Sie einen Monolog, den Nathan nach seiner Erzählung von den Ringen halten könnte.

7. Beschreiben Sie die Utopie – den gesellschaftlichen Idealzustand – den die Ringparabel am Ende entwirft. Berücksichtigen Sie dabei die Rolle des Richters.

Fortsetzung von Seite 53

Die Ringparabel – Toleranz und Humanität

Aufgaben

8. Lessing prüfte nach dem Publikationsverbot für seine theologischen Schriften, „ob man [ihn] auf seiner alten Kanzel, auf dem Theater, wenigstens noch ungestört will predigen lassen". Formulieren Sie die „Botschaft" seiner „Predigt". Gehen Sie dabei auch darauf ein, warum er sich in der Form der Parabel ausdrückt.

9. Erschließen Sie sich die Handlung und die Intention des gesamten Dramas.
    a) Ordnen Sie die Zusammenfassungen der fünf Akte, indem Sie sie nummerieren.
    b) Erklären Sie den Zusammenhang zwischen der Dramenhandlung und der Ringparabel.
    c) Deuten Sie den Schluss des Dramas.
    d) Beurteilen Sie die Utopie, die die Dramenhandlung beschreibt.

___ **Akt** Der Tempelherr trifft Recha und die beiden verlieben sich ineinander – trotz der unterschiedlichen Religion, der sie angehören. Nathan begibt sich zum Sultan, der ihm die Frage stellt, welche Religion die wahre sei. Er erzählt die Geschichte von den drei Ringen. Der Tempelherr hält um Rechas Hand an, aber Nathan hält ihn hin. Daja enthüllt dem Tempelherrn, dass Recha nicht Nathans leibliche Tochter ist. Sie ist eigentlich Christin und wurde von Nathan jüdisch erzogen. Dies verärgert den Tempelherrn.

___ **Akt** Der Sultan hat Geldsorgen. Sein Schatzmeister und seine Schwester überzeugen ihn davon, sich Geld von dem reichen Juden Nathan zu beschaffen. Unterdessen begegnen sich Nathan und der Tempelherr. Sie entdecken große Gemeinsamkeiten in ihren Ansichten zur Religion und schließen Freundschaft.

___ **Akt** Es stellt sich heraus, dass der Tempelherr und Recha Geschwister sind. Sie sind die Kinder von Saladins verstorbenem Bruder Assam, der während eines Aufenthalts in Europa eine Christin geheiratet hat. Sie sind damit Saladins Neffe und Nichte. Die Mitglieder der verschiedenen Religionen entpuppen sich demnach als Mitglieder einer Familie. Nur Nathan gehört nicht zu dieser Familie.

___ **Akt** Der Tempelherr sucht den christlichen Patriarchen auf und erzählt ihm von Nathan und Recha, ohne deren Namen zu nennen. Der Patriarch ist erbost über den Juden und will Nachforschungen darüber anstellen, um wen es sich handelt. Der Tempelherr begibt sich auch zum Sultan und schüttet ihm sein Herz aus. Der Sultan ruft zur Besonnenheit auf und möchte vermitteln. Es klärt sich auf, dass Nathan in die Heirat nicht einwilligte, weil er einen Verdacht in Bezug auf die Familie des Tempelherrn hatte. Außerdem erfährt man, dass Recha das Kind eines christlichen Freundes von Nathan ist. Dieser konnte das Mädchen nicht aufziehen und gab es deshalb vor achtzehn Jahren in die Obhut Nathans. Nathan nahm sich des Mädchens an, obwohl kurz zuvor seine gesamte Familie von Christen ausgelöscht worden war.

___ **Akt** Der jüdische Kaufmann Nathan kehrt von einer Reise zurück. Von seiner Haushälterin Daja erfährt er, dass sein Haus gebrannt hat und dass seine Tochter Recha in großer Gefahr war. Sie wurde von einem christlichen Tempelherrn gerettet. Der Tempelherr nimmt keinen Dank entgegen und verhält sich sehr abweisend. Es stellt sich heraus, dass er Gefangener des Sultans war. Er wurde freigelassen, weil er dem Bruder des Sultans ähnlich sieht.

10. Ist die Botschaft des Dramas noch aktuell? Erörtern Sie.

Lessings Quelle für die Ringparabel

Giovanni Boccaccio: Die Erzählung von den drei Ringen (1348–1353) – Auszug

Lessing greift für seine Ringparabel auf eine berühmte Textvorlage, Giovanni Boccaccios (1313–1375) „Decamerone", zurück, die er an entscheidenden Stellen abwandelt.

[...] Ich besinne mich, sofern ich nicht irre, gehört zu haben, dass ehedem ein großer und reicher Mann unter andern raren Edelsteinen in seinem Schatz auch einen vorzüglich schönen und kostbaren Ring besessen hat. Er schätzte ihn seines Werts und seiner Schönheit wegen so sehr, dass er wünschte, er möge beständig in seiner Familie bleiben, und befahl daher, dass dasjenige von seinen Kindern, bei dem sich dieser Ring fände und dem er ihn hinterließe, für seinen Erben angesehn und von den übrigen als der Vornehmste geachtet und geschätzt werden solle. Sein Erbe beobachtete bei seinen Nachkommen ebendiese von seinem Vorfahren festgesetzte Ordnung, und so ging der Ring von einer Hand in die andre. Endlich kam er an einen Vater von drei Söhnen, die gleich schön, tugendhaft und ihrem Vater äußerst gehorsam waren. Er liebte sie folglich alle drei gleich stark. Die Söhne kannten die Bedeutung des Ringes, und jeder war begierig, der Erbe zu sein. Jeder bat also den schon alten Vater, ihm beim Sterben den Ring zu hinterlassen. Der ehrliche Mann, der gleiche Liebe für sie hatte, war wirklich im Zweifel, welchen er zum Besitzer des Ringes machen solle. Er hatte ihn allen versprochen und war also darauf bedacht, wie er allen dreien sein Versprechen halten wollte. Er ließ daher bei einem guten Künstler insgeheim noch zwei andre Ringe fertigen. Diese waren dem ersten so ähnlich, dass er selbst kaum den rechten unterscheiden konnte, und als er zum Sterben kam, gab er jedem seiner Söhne heimlich einen davon. Nach dem Tode des Vaters verlangte jeder die Erbschaft nebst der Ehre. Da einer dem andern dieselbe verweigerte, brachte jeder seinen Ring hervor zum Beweise, dass er ein Recht darauf habe. Man fand die Ringe einander so ähnlich, dass der rechte nicht zu unterscheiden war. Die Frage, welcher von ihnen der rechtmäßige Erbe des Vaters sei, blieb daher unentschieden und soll auch heute noch unausgemacht sein. [...]

Aus: Giovanni Boccaccio: Das Decameron. Übers. von Ruth Macchi. Frankfurt am Main/Olten/Weimar: Büchergilde Gutenberg 1985, Lizenzausgabe mit Genehmigung des Aufbau Verlags, Berlin.

Aufgaben

1. Unterstreichen Sie die wichtigsten Unterschiede, die Boccaccios Text gegenüber Lessings Ringparabel (Seite 51–53) aufweist.

2. a) Vergleichen Sie die beiden Schlüsselstellen bei Boccaccio und Lessing im Hinblick auf den Wahrheitsgehalt und die Bedeutung von Religion.

   A Boccaccio: *Die Frage, welcher von ihnen der rechtmäßige Erbe des Vaters sei, blieb daher unentschieden und soll auch heute noch unausgemacht sein.* (Z. 36 ff.)

   B Lessing: *Es eifre jeder seiner unbestochnen*
   Von Vorurteilen freien Liebe nach!
   Es strebe von euch jeder um die Wette,
   Die Kraft des Steins in seinem Ring an Tag
   Zu legen! (V. 131 ff.)

   b) Formulieren Sie die Aussageabsicht, die die beiden Texte jeweils verfolgen.

3. Welchen der beiden Texte würden Sie den Anhängern rivalisierender Kulturen oder Religionen eher zur Lektüre empfehlen?

Blanckenburgs Romantheorie

Christian Friedrich von Blanckenburg: Versuch über den Roman (1774)

Der Dichter muss bei jeder Person seines Werks gewisse Verbindungen voraussetzen, unter welchen sie in der wirklichen Welt das geworden ist, was sie ist. Und hat er sie in seiner kleinen Welt geboren und erzogen werden lassen: so ist sie unter denen Verbindungen, die sich in seinem Werke befinden, und deren Grundlage immer aus der wirklichen Welt genommen ist, das geworden, was sie ist. Durch diese Verbindungen nun, das heißt, mit andern Worten, durch die Erziehung, die sie erhalten, durch den Stand, den sie bekleidet, durch die Personen, mit denen sie gelebt, durch die Geschäfte, welchen sie vorgestanden, wird sie gewisse Eigentümlichkeiten erhalten; und diese Eigentümlichkeiten in ihren Sitten, in ihrem ganzen Betragen, werden einen Einfluss auf ihre Art zu denken und ihre Art zu handeln, auf die Äußerung ihrer Leidenschaften, usw. haben; so dass all' diese kleinen Züge aus ihrem Leben und aus ihrem ganzen Sein, mit dem Ganzen dieser Person, in der genauesten Verbindung als Wirkung und Ursache stehen, – und wir folglich auch viel von diesen kleinern Zügen sehen müssen, so viel nämlich, als mit dem Hauptgeschäft der Personen bestehen kann, wenn wir nicht ein Skelett vom Charakter vor uns haben, sondern die völlige, runde Gestalt derselben erkennen und uns Rechenschaft von ihrem ganzen Thun und Lassen geben sollen. Denn die bloße Äußerung der Leidenschaften einer Person, ihr bloßes Tun der Sache, so wie es ungefähr aus dem Temperament und der jetzigen Lage der Person erfolgen kann, ist dem guten Dichter so wenig genug, – obgleich bei den meisten so sehr gewöhnlich – dass er lieber von der Person gar nichts als nur diese flache Oberseite zeigen wird.

Aus: Die deutsche Literatur in Text und Darstellung. Aufklärung und Rokoko. Hrsg. von Otto F. Best und Hans-Jürgen Schmitt, Bd.5. Reclam Verlag, Stuttgart 1991, S. 76.

Aufgaben

1. Erläutern Sie Blanckenburgs Erwartungen an die Figurendarstellung, indem Sie die folgenden Fragen in Ihrem Heft beantworten.
   - Was versteht Blanckenburg unter „Verbindungen" und welche genau meint er (Z. 6 ff.)?
   - Was meint er mit dem Zusammenhang von „Wirkung und Ursache" (Z. 21)?
   - In welchem Fall haben wir „die völlige, runde Gestalt" (Z. 25 f.) eines Charakters vor uns, wann nur deren „Skelett" (Z. 24)?

2. Blanckenburgs Romantheorie stützt sich vor allem auf Christoph Martin Wielands Roman „Geschichte des Agathon", den er für vorbildlich hielt. In diesem Roman erkennt die Hauptfigur, „dass wahre Aufklärung zu moralischer Besserung das Einzige ist, worauf sich die Hoffnung besserer Zeiten, das ist, besserer Menschen gründet". Legen Sie dar, inwiefern sich Wielands Optimismus in Blanckenburgs Romantheorie wiederfindet.

3. Schreiben Sie Blanckenburg aus der Distanz von über 200 Jahren, was Sie von seinen Forderungen an den Roman halten. Argumentieren Sie dabei mit Romanen, die Ihnen gefallen.

Sehr geehrter Herr Blanckenburg,

in Ihrer Romantheorie schreiben Sie, dass ...

Blanckenburgs Romantheorie

Friedrich Schiller: Der Verbrecher aus verlorener Ehre (1786)

Angeregt von einem tatsächlichen Mordfall erzählt Schiller das Schicksal des Wirtssohnes Christian Wolf. Die Handlung beginnt wie folgt:

Christian Wolf war der Sohn eines Gastwirts in einer …schen Landstadt (deren Namen man aus Gründen, die sich in der Folge aufklären, verschweigen muss) und half seiner Mutter, denn der Vater war tot, bis in sein zwanzigstes Jahr die Wirtschaft besorgen. Die Wirtschaft war schlecht, und Wolf hatte müßige Stunden. Schon von der Schule her war er für einen losen Buben bekannt. Erwachsene Mädchen führten Klagen über seine Frechheit, und die Jungen des Städtchens huldigten seinem erfinderischen Kopfe. Die Natur hatte seinen Körper verabsäumt[1]. Eine kleine unscheinbare Figur, krauses Haar von einer unangenehmen Schwärze, eine plattgedrückte Nase und eine geschwollene Oberlippe, welche noch überdies durch den Schlag eines Pferdes aus ihrer Richtung gewichen war, gab seinem Anblick eine Widrigkeit, welche alle Weiber von ihm zurückscheuchte und dem Witz seiner Kameraden eine reichliche Nahrung darbot.

Er wollte ertrotzen, was ihm verweigert war; weil er missfiel, setzte er sich vor zu gefallen. Er war sinnlich und beredete sich, dass er liebe. Das Mädchen, das er wählte, misshandelte ihn; er hatte Ursache, zu fürchten, dass seine Nebenbuhler glücklicher wären; doch das Mädchen war arm. Ein Herz, das seinen Beteuerungen verschlossen blieb, öffnete sich vielleicht seinen Geschenken, aber ihn selbst drückte Mangel, und der eitle Versuch, seine Außenseite geltend zu machen, verschlang noch das Wenige, was er durch eine schlechte Wirtschaft erwarb. Zu bequem und zu unwissend, einem zerrütteten Hauswesen durch Spekulation aufzuhelfen, zu stolz, auch zu weichlich, den Herrn, der er bisher gewesen war, mit dem Bauern zu vertauschen und seiner angebeteten Freiheit zu entsagen, sah er nur einen Ausweg vor sich – den Tausende vor ihm und nach ihm mit besserem Glücke ergriffen haben – den Ausweg, honett[2] zu stehlen. Seine Vaterstadt grenzte an eine landesherrliche Waldung, er wurde Wilddieb, und der Ertrag seines Raubes wanderte treulich in die Hände seiner Geliebten. […]

Friedrich Schiller: Der Verbrecher aus verlorener Ehre. Text- und Arbeitsbuch. Hrsg.: Rautenberg, Hoppe, Dehn. Cornelsen Verlag, Berlin 2001, S. 7f.

---

1 verabsäumt: hier: vergessen
2 honett: rechtschaffen

Aufgaben

4. In der Einleitung zu diesem Text weist Schiller auf die „veränderlichen Bedingungen" hin, die „von außen" auf die menschliche Seele einwirken. Stellen Sie in einem Cluster zusammen, welche dieser Bedingungen auf Christian Wolf einwirken. Arbeiten Sie in Ihrem Heft.

5. Begründen Sie mit Hilfe Ihres Clusters aus Aufgabe 4, ob „Der Verbrecher aus verlorener Ehre" Blanckenburgs Forderungen an die Figurendarstellung gerecht wird und als ein Text der Aufklärung bezeichnet werden kann.

6. Diskutierten Sie:
   a) Lässt sich der Charakter eines Menschen aus dem Zusammenspiel seiner Lebensbedingungen erklären?
   b) Wie weit ist ein Mensch, der wie Christian Wolf aufgrund ungünstiger Umstände zum Verbrecher wird, für sein Handeln verantwortlich?

Konfliktlösung im Roman der Aufklärung

Der erste deutschsprachige Familienroman erzählt die Lebensgeschichte der Gräfin von G. Sie lebt zunächst in glücklicher Ehe mit einem Grafen, bis dieser in den Krieg befohlen und bald darauf für tot erklärt wird. Nach einiger Zeit verliebt sich die Gräfin in ihren langjährigen Freund R. Die beiden verbinden sich, ohne zu heiraten, und werden Eltern einer Tochter. Eines Tages erleben Sie eine Überraschung. Plötzlich steht der für tot gehaltene Graf vor ihnen. Der Gräfin wird sogleich deutlich: Sie liebt beide Männer. Was soll sie tun?

Aufgaben

1. Wie könnte der Konflikt, in den die Gräfin unverschuldet geraten ist, ausgehen? Notieren Sie Vorschläge für mögliche Handlungsfortsetzungen.

2. Lesen Sie den folgenden Romanauszug, der erzählt, wie die drei Hauptfiguren handeln, nachdem sie sich begegnet sind. Der Text beginnt mit einem Brief von R. Es folgen auf Seite 59 die Ausführungen der Ich-Erzählerin, der Gräfin.

**Christian Fürchtegott Gellert:
Leben der schwedischen Gräfin von G*** (1747/48)**

Mein lieber Graf,

Sie dauern mich unendlich. Ich habe Sie durch die unschuldigste Liebe so sehr beleidigt, als ob ich Ihr Feind gewesen wäre. Ich habe Ihnen Ihre Gemahlin entzogen. Können Sie dieses wohl von mir glauben? Der Irrtum oder vielmehr die Gewissheit, dass Sie nicht mehr am Leben wären, hat mir den erlaubten Besitz Ihrer Gemahlin gegönnt; Ihre Gegenwart aber verdammt nunmehr das sonst so tugendhafte Band. Sie sind zu großmütig und wir zu unschuldig, als dass Sie uns mit Ihrem Hasse bestrafen sollten. Unsere Unschuld verringert Ihr Unglück; allein sie hebt es nicht auf. Das einzige Mittel, mich zu bestrafen, ist, dass ich fliehe. Ich verlasse Sie, liebster Graf, und werde mich zeitlebens vor mir selber schämen. Wollte Gott, dass ich durch meine Abwesenheit und durch die Marter, die ich ausstehe, Ihren Verlust ersetzen könnte! Entfernen Sie das Kind, das Ihnen diesen Brief bringt, damit Sie das traurige Merkmal Ihres Unglücks nicht vor den Augen haben dürfen. Ist es möglich, so denken Sie bei diesem Briefe zum letzten Male an mich. Sie sollen mich nicht wiedersehen.

Konfliktlösung im Roman der Aufklärung

Fortsetzung von Seite 58

Der Graf verließ mich, sobald er diesen Brief gelesen hatte und suchte meinen Mann[1]. Doch er war fort, und niemand wusste, wohin. Diese Nachricht setzte mich in eine neue Bestürzung. Mein ganzes Herz empörte sich. Ich hatte meinen ersten Mann wiedergefunden. Ich wusste, dass ich sie beide nicht besitzen konnte; allein welcher Trieb hört die Vernunft weniger als die Liebe. Es war in meinen Augen die grausamste Wahl, wenn ich daran dachte, welchen ich wählen sollte. Ich gehörte dem Letzten sowohl als dem Ersten zu. Und nichts war mir entsetzlicher, als einen von beiden zu verlassen, so gewiss ich auch von dieser Notwendigkeit überzeugt war. Der Herr R** war indessen fort, und der Graf wollte nicht ruhen, bis er seinen Freund wiedersähe. Er schickte sogleich nach dem Hafen, damit er nicht etwa mit einem Schiffe abgehen sollte. Ich hatte ihm indessen erzählt, dass ich den Herrn R** freiwillig zu meinem Manne erwählt und dass ich seine großmütige Freundschaft nicht besser zu belohnen gewusst hätte als durch die Liebe. Ich weiß genug, fing der Graf an, weder Sie noch mein Freund haben mich beleidiget. Es ist ein Schicksal, das wir nicht erforschen können. In wenig Stunden kam Herr R** zurück. Er war schon im Begriffe gewesen, mit einem Schiffe fortzugehen. Er dankte dem Grafen auf das Zärtlichste, dass er ihn wieder hätte zurückrufen lassen. Ich will nichts, als Abschied von Ihnen nehmen, fing er an, von Ihnen und Ihrer Gemahlin. Gönnen Sie mir diese Zufriedenheit noch, es wird gewiss die letzte in meinem Leben sein. Sogleich nahm er mich bei der Hand und führte mich zu dem Grafen. Hier, sprach er, übergebe ich Ihnen meine Gemahlin und verwandele meine Liebe von diesem Augenblicke an in Ehrerbietung. Hierauf wollte er Abschied nehmen; doch der Graf ließ ihn nicht von sich. Nein, sagte er, bleiben Sie bei mir. Ich fange auf ihr Verlangen mit meiner Gemahlin die zärtlichste Ehe wieder an. Sie ist mir noch so kostbar als ehedem. Ihr Herz ist edel und beständig geblieben. Sie hat nicht gewusst, dass ich noch lebe. Nein, mein lieber Freund, bleiben Sie bei uns. Wollen Sie mich etwa darum verlassen, dass ich nicht eifersüchtig werden soll, so beleidigen Sie die Treue meiner Gemahlin und mein Vertrauen. Bitten Sie ihn doch, Madam, fing er zu mir an, dass er bleibt. Ich hatte kaum so viel Gewalt über mich, dass ich zu ihm sagte: Warum wollen Sie uns verlassen? Mein lieber Gemahl bittet Sie ja, dass Sie hierbleiben sollen. Und ich müsste Sie niemals geliebt haben, wenn mir Ihre Entfernung gleichgültig sein sollte. Bleiben Sie wenigstens in Amsterdam, wenn Sie nicht in unserm Hause bleiben wollen. Ich werde Sie lieben, ohne es Ihnen weiter zu sagen, und ob ich gleich aufhören werde, die Ihrige zu sein, so untersagt mir doch die Liebe zu meinem Gemahle nicht, Ihnen beständig Zeichen der Hochachtung und Freundschaft zu erkennen zu geben. Er blieb auf unser Bitten auch wirklich in Amsterdam.

*Aus: Christian Fürchtegott Gellert: Leben der schwedischen Gräfin von G***. Hrsg. von Jörg-Ulrich Fechner. Reclam Verlag, Stuttgart 1965, S. 61–66.*

---

[1] So nennt die Gräfin Herrn R. Den Grafen nennt sie Gemahl.

Aufgaben

3. Zeichnen Sie mit eigenen Worten nach, wie der Konflikt sich löst.

4. Verdeutlichen Sie anhand des Textauszugs, inwiefern diese Konfliktlösung dem Denken der Aufklärung entspricht.

5. Überzeugt Sie diese Konfliktlösung? Nehmen Sie schriftlich Stellung.

6. Sind Ihnen aus Romanen oder Filmen ähnliche Konstellationen – eine Frau zwischen zwei Männern oder ein Mann zwischen zwei Frauen – bekannt? Erzählen Sie davon und beschreiben Sie, welche Muster der Konfliktlösung in aktuellen Werken vorherrschen.

Werther – Mehr Gefühl geht nicht!

Das Jahr 1774: Europa ist von Goethes Briefroman „Die Leiden des jungen Werthers" begeistert und erschüttert: Werther ist in eine Frau verliebt, die bald einen anderen heiraten wird, und erschießt sich schließlich. Ob man diese europaweite Erschütterung heute noch nachvollziehen kann?

Aufgaben

1. Überlegen Sie, welche Erzählideen Sie stärker mitreißen würden und kreuzen Sie an:

A	B
☐ Ich-Erzähler	☐ Er-Erzähler
☐ Trauriges Ende	☐ Fröhliches Ende
☐ Intime Selbstgespräche	☐ Reflektierende Passagen
☐ Unmittelbare Erlebnisse	☐ Rückblickende Darstellung
☐ Eine Geschichte, die authentisch scheint	☐ Eine klar erfundene Geschichte

2. Lesen Sie den folgenden typischen Werther-Brief genau. Bestimmen Sie, welche Merkmale aus den Kategorien A oder B zutreffen.

Am 13. Julius.
Nein, ich betriege mich nicht! Ich lese in ihren schwarzen Augen wahre Teilnehmung an mir und meinem Schicksal. Ja ich fühle, und darin darf ich meinem Her-
5 zen trauen, dass sie – o darf ich, kann ich den Himmel in diesen Worten aussprechen? – dass sie mich liebt!
Mich liebt! – Und wie wert ich mir selbst werde, wie ich – d i r darf ich's wohl sagen, du hast Sinn für so etwas – wie ich mich selbst anbete, seitdem sie mich
10 liebt! Ob das Vermessenheit ist oder Gefühl des wahren Verhältnisses? – Ich kenne den Menschen nicht, von dem ich etwas in Lottens Herzen fürchtete. Und doch – wenn sie von ihrem Bräutigam spricht, mit solcher Wärme, solcher Liebe von ihm spricht – da ist
15 mir's wie einem, der aller seiner Ehren und Würden entsetzt und dem der Degen genommen wird.

Aus: Johann Wolfgang von Goethe: Die Leiden des jungen Werthers. In: Werke. C. H. Beck Verlag, München 1998.

Stich von Jean Baptiste Simonet zu „Die Leiden des jungen Werthers"

3. Verfassen Sie eine neutrale Inhaltszusammenfassung des Briefes.

_____

_____

_____

_____

Fortsetzung von Seite 60   **Werther – Mehr Gefühl geht nicht!**

Aufgaben

4. Markieren und notieren Sie, was typisch für den Werther-Stil ist.

   _____
   _____
   _____
   _____

5. Nun der umgekehrte Versuch: Formen Sie die folgende Inhaltsangabe in Ihrem Heft in einen täuschend echten Werther-Brief um.

   > 24. November
   > Werther berichtet, Lotte alleine angetroffen zu haben. Von ihrem mitleidvollen Blick berührt, nimmt Werther kaum noch etwas wahr. Als Werther sich ihr nähern will, setzt sich Lotte ans Klavier, spielt und singt dazu. Vor Begeisterung schwankt Werther zwischen der Möglichkeit, Lotte niemals küssen zu wollen oder sie zu küssen und dafür zu büßen.

6. Diskutieren Sie, ob eine europaweite Emotionalisierung durch einen Roman oder einen Film heute noch möglich wäre. Welche Mittel müsste dieser Roman oder dieser Film einsetzen?

7. Modernisieren Sie den „Werther", indem Sie die folgenden Werther-Zitate in SMS-Nachrichten bzw. Tweets umformen – auch der Stil darf angepasst werden.

   - Die alberne Figur, die ich mache, wenn in Gesellschaft von ihr gesprochen wird, solltest du sehen! Wenn man nun gar fragt, wie sie mir gefällt? – Gefällt! Das Wort hasse ich auf den Tod. Was muss das für ein Mensch sein, dem Lotte gefällt, dem sie nicht alle Sinne, alle Empfindungen ausfüllt! Gefällt! Neulich fragte mich einer, wie mir Ossian gefiele! (Brief vom 10. Juli)

   - „Ich werde sie sehen!", ruf ich morgens aus, wenn ich mich ermuntere und mit aller Heiterkeit der schönen Sonne entgegenblicke; „ich werde sie sehen!" Und da habe ich für den ganzen Tag keinen Wunsch weiter. Alles, alles verschlingt sich in dieser Aussicht. (Brief vom 19. Juli)

   - Mein Tagebuch, das ich seit einiger Zeit vernachlässiget, fiel mir heut wieder in die Hände und ich bin erstaunt, wie ich so wissentlich in das alles, Schritt vor Schritt, hineingegangen bin! Wie ich über meinen Zustand immer so klar gesehen und doch gehandelt habe wie ein Kind, jetzt noch so klar sehe und es noch keinen Anschein zur Besserung hat. (Brief vom 8. August. Abends)

   Aus: Johann Wolfgang von Goethe: Die Leiden des jungen Werthers.
   In: Werke. C. H. Beck Verlag, München 1998.

8. Kommentieren Sie Werthers Tweets mit Tweets aus Lottes Sicht.

9. Ordnen Sie den „Werther" begründet einer oder mehreren literarischen Strömungen zu: Aufklärung, Empfindsamkeit oder Sturm und Drang?
   Tipp: Lesen Sie den Epochenüberblick auf Seite 21.

Friedrich Leopold Graf zu Stolberg: Über die Fülle des Herzens

Graf Friedrich Leopold zu Stolberg (1750–1819) war ein deutscher Dichter, Übersetzer und Jurist. Er unternahm als junger Mann mit seinem Bruder und dem ebenfalls noch jungen Johann Wolfgang Goethe eine Reise in die Schweiz. Dabei trugen die Reisegefährten so genannte Werther-Kleidung (blauer Frack, gelbe Weste, Stiefel und runder Filzhut), die nach Goethes Protagonist aus dem Roman „Die Leiden des jungen Werthers" (1774) benannt ist. Damit gaben sie sich schon äußerlich als Stürmer und Dränger zu erkennen.

Friedrich Leopold Graf zu Stolberg: Über die Fülle des Herzens (1778)

[…] Wer wollte den Wert der Wissenschaften verkennen? Sie nähren, sie bilden den Geist. Aber die meisten Gelehrten sind zufrieden das zu wissen, was ihnen nötig zu sein scheint, und wenn sie auch ja in einem Überfluss von Erkenntnissen prassen, so tun sie es entweder aus Eitelkeit oder aus einer Art von Liebhaberei, bei welcher das Herz kalt bleibt. Sie sammeln im Garten der Musen keinen Honig, sondern nähren sich wie faule Hummeln. Was wird ihnen nutzen nach dem Tode ihre erworbene Wissenschaft? So wenig, wie im Leben die Münzen, welche sie sammelten, um die gesammelten in einem Schränkchen zu verwahren. Dem Fühllosen sind die Wissenschaften, welche er besitzt, ein toter Schatz; dem Gefühlvollen eine Quelle reiner Freuden, seelenerhebender Regungen, edler Gedanken, welche ihn bilden, sein Herz erweitern und also in die Ewigkeit fortwirken. Oder glaubst du, dass eine Empfindung sterben könne, ohne in alle Ewigkeit fortzuwirken in dem, welcher sie empfand?

Ohne den warmen Anteil des Herzens sind die Wissenschaften fast nichts. Nur durch diesen entzückt uns die Sternkunde, wenn sie uns viele tausend Sonnen in den schönen Funken des Himmels zeigt, Sonnen, jede vermutlich umringt von Erden und jede von diesen mit empfindenden unsterblichen Wesen bevölkert.

Eben dieser Anteil des Herzens macht die Geschichte zur wohltätigen Lehrerin der Menschheit, da sie ohne ihn nichts als Chronik[1] wäre. Sie gibt reiche Nahrung. Aus ihrer Fülle schöpfe der Jüngling und veredle sich, indem er trinkt. […]

Was soll ich von dir sagen, göttliche Dichtkunst? Du entströmst der Fülle des Herzens und bietest die süßen Trunkenheiten deines Nektars reinen Herzen an. Du erhebst das Herz auf Flügeln des Adlers und bildest es zu allem, was groß ist und edel.

Groß und weit ausgebreitet ist deine Macht; du bist die Tochter der Natur, hehr und sanft und groß und wahr, wie sie, in angeborner Einfalt!

Du fleugst gen Himmel, nimmst Flammen vom Altare, wärmest und erleuchtest das Menschengeschlecht!

Dir opferten die Weisen des Altertums, echte Philosophen, welche mit reiner Inbrunst die Weisheit suchten, wie Orpheus die Eurydike[2].

Aber vielleicht hält mancher aufrichtige Mann alles, was ich gesagt habe, für Chimäre[3] und meint, dass weder Natur noch ihre Töchter, Dichtkunst und Philosophie, noch auch die Geschichte das Herz für die Ewigkeit ausbilden könne, dass dieses allein das Werk der Religion sei. Sosehr ich auch überzeugt bin, dass jedes edle Gefühl heilig ist, und wenn der Mensch, welcher es empfand, edel bleibt, ewig in ihm fortwirkt, so gewiss bin auch ich überzeugt, dass die Religion die Hauptquelle jedes Seelenadels und der ewigen Wonne ist.

Aber, mein Freund, diese Religion, ist sie nicht der Fülle göttlicher Liebe und Weisheit, wie die Natur, entströmt und von demselben Geiste beseelt? Und sieh! ihr erstes Gebot ist Liebe. Sie, die göttliche Religion, zeigt uns, dass wir durch Liebe zu den Menschen und Gott ihm ähnlich werden sollen. Ist's nicht göttliche Weisheit, welche uns lehrt, dass in den zwei Geboten: Liebe Gott! und liebe den Menschen! der Inbegriff aller Pflichten enthalten ist? Sagt nicht eben diese göttliche Weisheit, dass dem viel vergeben würde, welcher stark liebte? Sagt nicht ein Bote Gottes an seine Gemeinde, dass Christum lieb haben besser sei als alles Wissen? Und sagt nicht eben dieser Mann, dass alle Wissenschaft, ja die höchsten Gaben, die Gabe der Weissagung und Wunder zu tun, vereint mit dem Verdienste des Martyrertodes, nichts sei ohne Liebe zum Nächsten, ohne sie nur ein tönend Erz sei, eine klingende Schelle?

Aber, möge man sagen, Fülle des Herzens ist eine Gabe Gottes; wie kann sie belohnt? wie kann ihr Mangel bestraft werden?

Jeder Mensch hat so viel Herz, dass er lieben kann, und weniger wird von dem gefodert, welcher weni-

**Friedrich Leopold Graf zu Stolberg:
Über die Fülle des Herzens**

Fortsetzung von Seite 62

ger empfangen hat. Darf er murren, dass er weniger empfing? So dürfte der Rabe murren, dass er kein Adler ist.

Fülle des Herzens ist die edelste Gabe Gottes; aber, eben darum, Fluch dem, der durch sie nicht besser wird! Wehe dem, des Geist sich erheben, des Herz mit heißem Liebesgefühl vieles umfassen kann, wenn dieser Geist, wenn dieses Herz nicht emporfliegen und weilen kann beim Unendlichen und Allliebenden! Wenn dieses Herz wie Wachs zerschmelzen und doch kalt sein kann bei der Betrachtung einer Religion, deren ganzes Wesen Liebe und Erbarmen ist!

Ich weiß wohl, dass einige unsrer Schriftgelehrten gern aus der Religion die Empfindungen des Herzens verbannen mögten, aus der Religion, welche auf nichts als Liebe Gottes und Gegenliebe des Menschen gegründet ist; aber das ist noch ungereimter, als wenn man dichten wollte ohne Begeistrung, oder als wollte man ringen ohne Kraft.

Ich habe zartfühlende Menschen in Augenblicken des Grams klagen gehört über das heiße Gefühl, welches sie so lebhaft empfinden macht. Sie glauben alsdann, bei weniger Gefühl sei mehr Genuss des Lebens. Aber wenn bei diesen Menschen wahrer Geist der Liebe, wahre Fülle des Herzens ist, und nicht nur jene leidende Reizbarkeit, nicht Ebbe ohne Flut, so mögen sie sich freuen über die Ursache ihres heftigen Grams. Auch wird ihnen eignes Selbstgefühl Zeugnis geben vom Adel ihrer Seele. Wo viel Licht ist, da ist auch viel Schatten und heftiger Gram muss oft das Los dessen sein, welcher wahren Wonnegefühls fähig ist.

Die Erinnerung streut ihre schönsten Blumen nur auf den Pfad des Starkempfindenden. Selbst die Erinnerung des vergangnen Leidens ist süß. Der empfindende Wandrer sieht mit freudiger Rührung auf die zurückgelegte Bahn des Lebens zurück, auch da, wo der Pfad steil war und dornig.

Ist nun der Weg vollendet, wischen nun den Schweiß von der Stirne die Pilger und schütteln den Staub von den Füßen, o wie wird alsdann in einem Leben, wo jede Empfindung sich in Wonne wandelt, der, dem Fülle des Herzens bei der Geburt zuteilward, es empfinden, dass ihm das Los am lieblichsten gefallen ist!

Aus: Die Deutsche Literatur. Ein Abriss in Text und Darstellung. Hg. v. Otto F. Best und Hans-Jürgen Schmitt. Bd. 6, Sturm und Drang und Empfindsamkeit, hg. v. Ulrich Karthaus. Reclam Verlag, Stuttgart 1976, S. 86–90.

1 Chronik: hier im Sinne einer reinen Auflistung von Daten
2 Orpheus und Eurydike: Orpheus ist ein Sänger und Dichter der griechischen Mythologie. Er stieg in die Unterwelt, um durch seinen Gesang und das Spiel seiner Lyra den Gott Hades zu bewegen, ihm Eurydike, seine verstorbene Geliebte, zurückzugeben.
3 Chimäre: Trugbild, Hirngespinst

Aufgaben

1. Listen Sie die Wissenschaften auf, die Stolberg anführt, und beschreiben Sie, wie er diese charakterisiert.

2. Erläutern Sie, wie Stolberg das Verhältnis zwischen Wissenschaft und Empfindung bzw. Gefühl beschreibt. Inwiefern spiegelt sich in diesem Verhältnis auch das des Sturm und Drang zur Aufklärung.
   Tipp: Lesen Sie ggf. die Epocheninformation auf Seite 21.

3. Analysieren Sie die sprachlichen Besonderheiten des Textes und erläutern Sie, in welchem Verhältnis diese zu seinem Inhalt stehen.

Aufgeklärte Kritik an der Aufklärung

Johann Friedrich Zöllner:
Der Affe. Ein Fabelchen (1784)

Ein Affe steckt' einst einen Hain
Von Zedern Nachts in Brand
Und freute sich dann ungemein,
Als er's so helle fand.
5 „Kommt Brüder, seht, was ich vermag;
Ich, – ich verwandle Nacht in Tag!"

Die Brüder kamen groß und klein,
Bewunderten den Glanz
Und alle fingen an zu schrein:
10 „Hoch lebe Bruder Hans[1]!
Hans Affe ist des Nachruhms wert,
Er hat die Gegend aufgeklärt."

Johann Friedrich Zöllner: Der Affe.
In: Berliner Monatsschrift, 1784.

---

1 Hans: Hanswurst ist eine derb-komische Gestalt
  der deutschsprachigen Stegreifkomödie
  seit dem 16. Jahrhundert. „Hanswurst" war
  (und ist noch immer) ein Spott- und Schimpfwort.

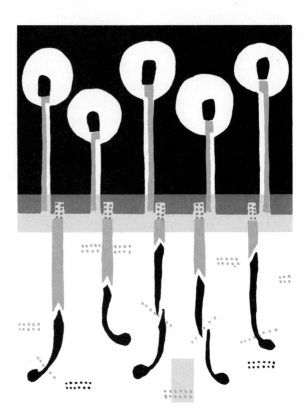

Aufgaben

1. Weisen Sie im Text das Spiel mit der aufklärerischen Lichtmetaphorik nach und zeigen Sie, wie der Text diese ins Lächerliche zieht.

2. Erläutern Sie, warum der Verfasser ausgerechnet die Gattung „Fabel" ausgewählt hat.

3. Vergleichen Sie Zöllners „Fabelchen" mit dem folgenden Text von Georg Christoph Lichtenberg. Wie unterscheiden sich die Texte in ihrer Grundeinstellung gegenüber der Aufklärung und in ihrer Intention?

Georg Christoph Lichtenberg: Aphorismus (um 1764)

Was man von dem Vorteile und Schaden der Aufklärung sagt, ließe sich gewiss gut in einer Fabel vom Feuer darstellen. Es ist die Seele der unorganischen Natur, sein mäßiger Gebrauch macht uns das Leben angenehm, es wärmt unsere Winter und erleuchtet unsere Nächte. Aber das müssen Lichter und Fackeln sein, die Straßenerleuchtung durch angezündete Häuser ist eine sehr böse Erleuchtung. Auch muss man Kinder damit nicht spielen lassen.

Aus: Georg Christoph Lichtenberg: Aphorismen. In: Ders.: Aphorismen –
Schriften – Briefe. Hrsg. v. Wolfgang Promies. Carl Hanser Verlag,
München o. J.

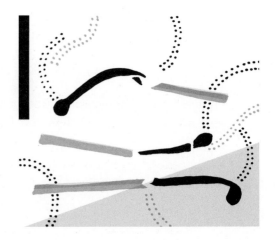

Romantische Kritik an der Aufklärung

Novalis (1772–1801), eigentlich Georg Philipp Friedrich von Hardenberg, war ein deutscher Schriftsteller und Philosoph der Frühromantik. In seinen poetologischen und programmatischen Schriften grenzt er seine Vorstellungen von Poesie scharf von den Thesen und den vermeintlichen Folgen der Aufklärung ab.

Novalis: Die Christenheit oder Europa (1799)

[…] Das Resultat der modernen Denkungsart [d. i. die Aufklärung] nannte man Philosophie und rechnete alles dazu, was dem Alten entgegen war, vorzüglich also jeden Einfall gegen die Religion. Der anfängliche Personalhass gegen den katholischen Glauben ging allmählig in Hass gegen die Bibel, gegen den christlichen Glauben und endlich gar gegen die Religion über. Noch mehr – der Religionshass, dehnte sich sehr natürlich und folgerecht auf alle Gegenstände des Enthusiasmus aus, verketzerte Fantasie und Gefühl, Sittlichkeit und Kunstliebe, Zukunft und Vorzeit, setzte den Menschen in der Reihe der Naturwesen mit Not oben an und machte die unendliche schöpferische Musik des Weltalls zum einförmigen Klappern einer ungeheuren Mühle, die vom Strom des Zufalls getrieben und auf ihm schwimmend, eine Mühle an sich, ohne Baumeister und Müller und eigentlich ein ächtes Perpetuum mobile, eine sich selbst mahlende Mühle sey. Ein Enthusiasmus ward großmüthig dem armen Menschengeschlechte übrig gelassen und als Prüfstein der höchsten Bildung jedem Actionair[1] derselben unentbehrlich gemacht. – Der Enthusiasmus für diese herrliche, großartige Philosophie und insbesondere für ihre Priester und ihre Mystagogen[2]. Frankreich war so glücklich der Schoß und der Sitz dieses neuen Glaubens zu werden, der aus lauter Wissen zusammengeklebt war. […] Die Mitglieder waren rastlos beschäftigt, die Natur, den Erdboden, die menschlichen Seelen und die Wissenschaften von der Poesie zu säubern, – jede Spur des Heiligen zu vertilgen, das Andenken an alle erhebenden Vorfälle und Menschen durch Sarkasmen zu verleiden und die Welt alles bunten Schmucks zu entkleiden. Das Licht war wegen seines mathematischen Gehorsams und seiner Frechheit ihr Liebling geworden. Sie freuten sich, dass es sich eher zerbrechen ließ, als dass es mit Farben gespielt hätte, und so benannten sie nach ihm ihr großes Geschäft, Aufklärung. […]

1 Actionair: hier: Teilhabender
2 Mystagoge: Mystagogie bezeichnet ursprünglich die Unterweisung von Jüngern in einem antiken Mysterienkult. Der unterweisende Priester heißt Mystagoge.

Aus: Novalis: Werke. Hg. v. Hans-Joachim Mähl und Richard Samel. Carl Hanser Verlag, München, Wien, 1978, S. 740 f.

Novalis: Fragmente über Poesie (1798–1800)

Wenn der Philosoph nur alles ordnet, alles stellt, so löste der Dichter alle Bande auf. Seine Worte sind nicht allgemeine Zeichen – Töne sind es – Zauberworte, die schöne Gruppen um sich her bewegen. Wie Kleider der Heiligen noch wunderbare Kräfte behalten, so ist manches Wort durch irgendein herrliches Andenken geheiligt und fast allein schon ein Gedicht geworden. Dem Dichter ist die Sprache nie zu arm, aber immer zu allgemein. Er bedarf oft wiederkehrender, durch den Gebrauch ausgespielter Worte. Seine Welt ist einfach wie sein Instrument – aber ebenso unerschöpflich an Melodien.
Die Welt muss romantisiert werden. So findet man den ursprünglichen Sinn wieder. Romantisieren ist nichts als eine qualitative Potenzierung. […]

Aus: Novalis: Werke. Hg. v. Hans-Joachim Mähl und Richard Samel. Carl Hanser Verlag, München, Wien, 1978, S. 740 f.

Aufgaben

1. Fassen Sie zusammen, was Novalis' Meinung nach durch die Aufklärung verloren gegangen ist. Verwenden Sie hierbei Formulierungen wie *Vor der Aufklärung war … / gab es noch … / herrschte …*

2. Deuten Sie das sprachliche Bild von der „ungeheuren Mühle".

3. Erläutern Sie, was Novalis unter einem Dichter versteht und welche Aufgabe die Dichtung für ihn hat.

Fortsetzung von Seite 65

Romantische Kritik an der Aufklärung

Aufgaben

4. In der ersten Strophe seines Gedichtes „Sehnsucht" hat der romantische Dichter Joseph von Eichendorff (1788–1854) eine ganz alltägliche Situation „qualitativ potenziert".
   a) Ziehen Sie die Wurzel, indem sie alles Romantisierende streichen und die Situation in einem Satz beschreiben.
   b) Erläutern Sie mit eigenen Worten, wie Eichendorff eine alltägliche Situation potenziert.
   c) Nehmen Sie persönlich Stellung zu dieser romantischen Potenzierung der Wirklichkeit.

Joseph von Eichendorff: Sehnsucht (1834)

Es schienen so golden die Sterne,
Am Fenster ich einsam stand
Und hörte aus weiter Ferne
Ein Posthorn im stillen Land.
Das Herz mir im Leib entbrennte,
Da hab' ich mir heimlich gedacht:
Ach, wer da mitreisen könnte
In der prächtigen Sommernacht!
[…]

Aus: Joseph von Eichendorff: Werke in sechs Bänden. Stuttgart o. J.

5. Interpretieren Sie das folgende Novalisgedicht auf der Grundlage Ihrer Vorarbeiten.

Novalis: Wenn nicht mehr Zahlen und Figuren… (1800)

Wenn nicht mehr Zahlen und Figuren
Sind Schlüssel aller Kreaturen,
Wenn die, so singen, oder küssen,
Mehr als die Tiefgelehrten wissen,
5 Wenn sich die Welt ins freie Leben
Und in die Welt wird zurückbegeben,
Wenn dann sich wieder Licht und Schatten
Zu echter Klarheit werden gatten,
Und man in Märchen und Gedichten
10 Erkennt die ew'gen Weltgeschichten,
Dann fliegt vor *einem* geheimen Wort
Das ganze verkehrte Wesen fort.

Aus: Novalis: Werke. Hg. v. Hans-Joachim Mähl und Richard Samel. Carl Hanser Verlag, München, Wien, 1978, S. 740 f.

Goya – Zwei Deutungen

Francisco de Goya (1746–1828): Der Traum / der Schlaf der Vernunft gebiert Ungeheuer (1799)

Aufgaben

1. Der spanische Titel des Bildes „El sueño de la razón produce monstruos" lässt zwei Übersetzungen zu: das Substantiv „sueño" kann „Schlaf" oder „Traum" bedeuten.
   Erklären Sie, was jeweils gemeint sein könnte.

   Der *Traum der Vernunft* gebiert Ungeheuer: _____

   _____

   Der *Schlaf der Vernunft* gebiert Ungeheuer: _____

   _____

2. Begründen Sie, welche Bedeutung Sie aufgrund des Bildes für wahrscheinlicher halten.

3. Erklären Sie, inwiefern Goya mit diesem Bild Aufklärung leistet.

Fortsetzung von Seite 67

Goya – Zwei Deutungen

Aufgaben

4. Der Literaturnobelpreisträger Günter Grass nimmt Goyas Bild zum Anlass für einen Essay. Vollziehen Sie Grass' Gedankengang nach.

Günter Grass: Der Traum der Vernunft (1984)

[...] Die Unterschrift „Der Traum der Vernunft erzeugt Ungeheuer" hat Goya einer Aquatinta-Radierung beigegeben, die einen über seinem Schreibwerkzeug schlafenden Mann zeigt, hinter dem Nachtgetier, Eulen und Fledermäuse flattern und ein Raubtier lagert: fast Luchs, noch Katze. Doch da das spanische Wort für Traum auch Schlaf bedeuten kann, könnte der Untertitel des beängstigenden Bildes auch heißen: „Der Schlaf der Vernunft erzeugt Ungeheuer." Und schon ist der Streit entfesselt, tritt das Elend der Aufklärung zutage, sind wir beim Thema.

Zweierlei wird bildhaft der Vernunft unterstellt: Indem sie träumt, gebiert sie Ungeheuer, ihre Träume sind Ungeheuer – oder: weil die Vernunft schläft, ist den nächtlichen Ungeheuern Freiraum gegeben, macht sich Unvernunft breit, wird das mühsame Werk der Aufklärung überschattet, mit Dunkelheit überzogen, zunichte.

Die erste Deutung spricht für sich: Die Vernunft, des Menschen besondere, ihn auszeichnende Gabe, ist gleichwohl fähig, sobald sie träumt, Ungeheuer, sprich, erschreckende Visionen und Utopien als Schreckensherrschaften zu entwerfen. Vergangenheit und Gegenwart bestätigen diese Deutung, denn alle bis heute wirksamen Ideologieentwürfe sind Träume aufklärender Vernunft und haben – hier als Verelendung produzierender Kapitalismus, dort als mit Zwang herrschender Kommunismus – ihre Ungeheuerlichkeit bewiesen.

Die zweite Deutung wirft Fragen auf, die, sobald sie beantwortet werden, neue Fragen hecken. Etwa: Darf die Vernunft, weil sie schlafend den Ungeheuern, also dem Irrationalismus das Feld überläßt, niemals schlafen? Natürlich nicht, sagen wir. Wo kommen wir hin, wenn die Vernunft schläft. Nie wieder darf die Vernunft schlafen, darf uns die Vernunft einschlafen. Wehret den Anfängen! Nicht einmal ermüdet blinzeln darf sie. Eine allzeit wache Vernunft fordern wir als gebrannte Kinder einer Epoche, in der die Vernunft schlief und das Ungeheuer, Faschismus genannt, geboren wurde.

Dennoch gibt die Gegenfrage nicht Ruhe: Was ist das für eine Vernunft, die nicht schlafen, den Traum nicht zulassen darf? Ist diese immerwache Vernunft nicht gleichfalls schrecklich und taghell Ungeheuerlichkeiten fähig? Wird diese Vernunft, die aufklären, erhellen, erleuchten soll, nicht letzten Endes – und schon tut sie es – uns alle durchleuchten, durchsichtig, gläsern, erfaßbar machen, auf daß wir ohne Geheimnis und Nachtseite sind? Hat nicht diese überwache, sich wissenschaftlich nennende Vernunft den vormals weitgefaßten Begriff von Fortschritt auf technisches Maß, auf einzig das technisch Machbare reduziert? Eine Vernunft, die nicht schlafen darf, die mittlerweile, selbst wenn sie schlafen wollte, Schlaf nicht mehr fände, eine schlaflose Vernunft gibt kaltes Licht und macht frösteln; dabei wären Träume vonnöten, Nachtflüge der Einbildungskraft und Märchen, aus deren Getier – Fledermaus, Eule und Luchs – gleichwohl Vernunft spräche. [...]

Aus: Günter Grass: Werkausgabe in 18 Bänden. Essays und Reden. Hg. v. Daniela Hermes. Steidl Verlag, Göttingen 2003.

5. Nehmen Sie Goyas Bild selbst zum Anlass für einen Essay, indem Sie auf durchaus subjektive Weise dem Zusammenspiel von Vernunft und Traum nachgehen. Sie können dabei auch das folgende Goya-Zitat einbeziehen:

„Die Fantasie, von der Vernunft verlassen, bringt unmögliche Monster hervor. Vereint mit ihr, ist sie die Mutter der Künste und der Ursprung der Wunder."

Aus: Francisco de Goya: Prophet der Moderne. Hg. v. Wilfried Seipel u. Kaus-Peter Schuster. DuMont Buchverlag, Köln 2005, S. 35.

Heines Kritik an der Aufklärung

Heinrich Heine: Der tugendhafte Hund (Nachgelesene Gedichte 1845–1856)

Ein Pudel, der mit gutem Fug
Den schönen Namen Brutus trug,
War vielberühmt im ganzen Land
Ob seiner Tugend und seinem Verstand.
5 Er war ein Muster der Sittlichkeit,
Der Langmut und Bescheidenheit.
Man hörte ihn loben, man hörte ihn preisen
Als einen vierfüßigen Nathan den Weisen.
Er war ein wahres Hundejuwel!
10 So ehrlich und treu! eine schöne Seel!
Auch schenkte sein Herr in allen Stücken
Ihm volles Vertrauen, er konnte ihn schicken
Sogar zum Fleischer. Der edle Hund
Trug dann einen Hängekorb im Mund,
15 Worin der Metzger das schöngehackte
Rindfleisch, Schaffleisch, auch Schweinefleisch
                                        packte. –
Wie lieblich und lockend das Fett gerochen,
Der Brutus berührte keinen Knochen,
Und ruhig und sicher, mit stoischer[1] Würde,
20 Trug er nach Hause die kostbare Bürde.

Doch unter den Hunden wird gefunden
Auch eine Menge von Lumpenhunden
– Wie unter uns –, gemeine Köter,
Tagdiebe, Neidharde, Schwerenöter,
25 Die ohne Sinn für sittliche Freuden
Im Sinnenrausch ihr Leben vergeuden!
Verschworen hatten sich solche Racker
Gegen den Brutus, der treu und wacker,
Mit seinem Korb im Maule, nicht
30 Gewichen von dem Pfad der Pflicht. –

Und eines Tages, als er kam
Vom Fleischer und seinen Rückweg nahm
Nach Hause, da ward er plötzlich von allen
Verschwornen Bestien überfallen;
35 Da ward ihm der Korb mit dem Fleisch entrissen,
Da fielen zu Boden die leckersten Bissen,
Und fraßbegierig über die Beute
Warf sich die ganze hungrige Meute –
Brutus sah anfangs dem Schauspiel zu,
40 Mit philosophischer Seelenruh;
Doch als er sah, dass solchermaßen
Sämtliche Hunde schmausten und fraßen,
Da nahm auch er an der Mahlzeit teil
Und speiste selbst eine Schöpsenkeul.

Moral

Auch du, mein Brutus, auch du, du frisst?, 45
So ruft wehmütig der Moralist.
Ja, böses Beispiel kann verführen;
Und, ach! gleich allen Säugetieren,
Nicht ganz und gar vollkommen ist
Der tugendhafte Hund – er frisst! 50

---

1 stoisch: selbstbeherrscht, von Gelassenheit geprägt

Aus: Heinrich Heine: Sämtliche Schriften in 12 Bdn. Hg. v. Klaus Briegleb. Ullstein, Frankfurt/M. 1981.

Aufgabe

1. Beschreiben Sie den Charakter des Hundes, wie er in der ersten Strophe dargestellt wird.

Fortsetzung von Seite 69

Heines Kritik an der Aufklärung

Aufgaben

2. Beziehen Sie die beiden folgenden Zitate auf den weiteren Verlauf der „Handlung" und erläutern Sie, warum der Pudel sein Verhalten ändert.

> **Christian Wolff:**
> **Deutscher Moral** (1720)
>
> Die Beobachtung des Gesetzes der Natur ist es, so den Menschen glückseelig machet. Da nun die Fertigkeit, dem Gesetze der Natur gemäß zu leben, die Tugend ist, so machet die Tugend den Menschen glückseelig. Und demnach kann man ohne Tugend nicht glücklich sein.
>
> *Zitiert nach: Deutsche Literatur in Entwicklungsreihen. Reihe Aufklärung, hg. v. Fritz Brüggemann, Leipzig 1930.*

> **Friedrich Schiller:**
> **Über Anmut und Würde** (1793)
>
> Eine schöne Seele nennt man es, wenn sich das sittliche Gefühl aller Empfindungen des Menschen endlich bis zu dem Grad versichert hat, dass es dem Affekt die Leitung des Willens ohne Scheu überlassen darf und nie Gefahr läuft, mit den Entscheidungen desselben im Widerspruch zu stehen.
>
> *Friedrich Schiller: Sämtliche Werke. Bd. 5. Erzählungen. Theoretische Schriften. Carl Hanser Verlag, München 1993.*

3. Das Gedicht als Kritik an der Aufklärung? Deuten Sie Heines Text.

Karl Jaspers: Wahre und falsche Aufklärung

Aufgaben

1. Nach der Barbarei des Zweiten Weltkriegs setzte sich der Philosoph Karl Jaspers (1883–1969) kritisch mit der Aufklärung auseinander. Er unterschied zwischen wahrer und falscher Aufklärung. Überlegen Sie vor der Lektüre des Textes, was er damit jeweils gemeint haben könnte.

2. Füllen Sie die Lücken in Jaspers Text, indem Sie jeweils die passende Form von *wahr* oder *falsch* einsetzen.

Karl Jaspers: Was aber ist Aufklärung? (1953)

Kurz: Aufklärung ist – mit Kants Worten – der „Ausgang des Menschen von seiner selbst verschuldeten Unmündigkeit". Sie ist zu ergreifen als der Weg, auf dem der Mensch zu sich selbst kommt. Aber die Ansprüche der Aufklärung werden so leicht missverstanden, dass der Sinn der Aufklärung zweideutig ist. Sie kann wahre und sie kann falsche Aufklärung sein. Und daher ist der Kampf gegen die Aufklärung seinerseits zweideutig. Er kann – mit Recht – gegen die _____, oder – mit Unrecht – gegen die _____ Aufklärung sich richten. Oft vermengen sich beide in eins.
Im Kampf gegen die Aufklärung sagt man: Sie zerstöre die Überlieferung, auf der alles Leben ruhe; sie löse den Glauben auf und führe zum Nihilismus; sie gebe jedem Menschen die Freiheit seiner Willkür, werde daher Ausgang der Unordnung und Anarchie; sie mache den Menschen unselig, weil bodenlos.
Diese Vorwürfe treffen eine _____ Aufklärung, die selber den Sinn der echten Aufklärung nicht mehr versteht. _____ Aufklärung meint alles Wissen und Wollen und Tun auf den bloßen Verstand gründen zu können (statt den Verstand nur als den nie zu umgehenden Weg der Erhellung dessen, was ihm gegeben werden muss, zu nutzen); sie verabsolutiert die immer partikularen Verstandeserkenntnisse (statt sie nur in dem ihnen zukommenden Bereich sinngemäß anzuwenden); sie verführt den Einzelnen zum Ausspruch, für sich allein wissen und auf Grund seines Wissens allein handeln zu können, als ob der Einzelne alles wäre (statt sich auf den lebendigen Zusammenhang des in Gemeinschaft in Frage stellenden und fördernden Wissens zu gründen); ihr mangelt der Sinn für Ausnahme und Autorität, an denen beiden alles menschliche Leben sich orientieren muss. Kurz, sie will den Menschen auf sich selbst stellen, derart, dass er alles Wahre und ihm Wesentliche durch Verstandeseinsicht erreichen kann. Sie will nur wissen und nicht glauben.
_____ Aufklärung dagegen zeigt zwar dem Denken und dem Fragenkönnen nicht absichtlich, von außen und durch Zwang, eine Grenze, wird sich aber der faktischen Grenze bewusst. Denn sie klärt nicht nur das bis dahin Unbefragte, die Vorurteile und vermeintlichen Selbstverständlichkeiten, sondern auch sich selber auf. Sie verwechselt nicht die Wege des Verstandes mit den Gehalten des Menschseins.

Aus: Karl Jaspers. Einführung in die Philosophie. Piper Verlag, München 1974, S. 67 ff.

3. Überprüfen Sie Ihre Lösungen mit Hilfe des Lösungsteils und erläutern Sie anschließend den Unterschied zwischen *wahrer* und *falscher* Aufklärung.

4. Kritisiert oder verteidigt Jaspers die Errungenschaften der historischen Aufklärung? Begründen Sie Ihre Einschätzung.

5. Legen Sie dar, welche Erfahrungen des 20. Jahrhunderts als Folgen einer *falschen* Aufklärung bezeichnet werden können.

6. Wenden Sie Jaspers Unterscheidung auf die Literatur der Aufklärung an: Welche literarischen Figuren, die Ihnen in diesem Heft begegnen, repräsentieren die *wahre*, welche die *falsche* Aufklärung?

Aufklärung und „Neue Romantik"

Günter Kunert: Aufklärung I (1984)

Dass die Aufklärung gescheitert sei, ist eine um sich greifende Erkenntnis, bald vermutlich eine Binsenweisheit, ohne dass generell klar würde, worin denn dieses Scheitern bestünde. Die Frage danach erfordert keineswegs viele Antworten: Die erste, vielleicht paradox klingende, würde heißen: An ihrem Erfolg.

Sie ist eigentlich ihr eigenes Opfer. Nachdem sie mit Vehemenz Gott und die Götter von der Weltbühne vertrieben, den Glauben zersetzt, die „Infame" entmachtet und mittels ihrer Wissenschaftlichkeit alle Phänomene, die wir Selbst- und Ichsüchtigen immer auf uns bezogen, als Naturerscheinungen entlarvt hat, sodass am Ende die Spielfläche von Illusionen, Fantasmen, Aberglauben, Irrtümern und Unvernünften frei war, blieb nur noch die leere Kulisse. Die Aufklärung hatte verabsäumt, anstelle der von ihr ausgelöschten oder zerstörten Glaubensbilder, der ahnungsvollen Deutungen, der Visionen und Träume etwas anderes zu setzen und somit das metaphysische Bedürfnis, das den Schwund seiner Objekte immer überlebt, sich selbst überlassen: Ein dürstendes Geschöpf, dem die Quelle versiegt war.

Es scheint, dass dieses freischweifende, kein Ziel mehr findende ungestillte Verlangen nach Transzendenz jenes unbekannte Unbehagen, jene innere Trostlosigkeit hervorruft, von der gegenwärtig viele befallen sind.

Aber die Aufklärung, stolz über ihr Vernichtungswerk, zeigt sich nicht nur außerstande, es als solches zu begreifen, sondern auch, das entstandene Vakuum wieder aufzufüllen. Dem irrationalen Verlangen des Menschen ist sie nicht gewachsen: Sie, deren Grundlage die Naturwissenschaft in all ihren Formen war und ist, wäre daher, sogar bei Einsicht in ihr Versagen, nicht fähig, die abgeräumten Podeste mit „besseren" Göttern zu versehen: Das ist ihr sui generis nicht gegeben. So steht sie vor einem selbstverursachten Scherbenhaufen und kann nicht ersetzen, was sie abgeschafft hat, und muss sich nun deswegen anklagen lassen. So berechtigt und wohl auch unvermeidlich ihre destruktive Arbeit gewesen ist, die Notwendigkeit, auf den freien Plätzen etwas Neues zu begründen, besteht weiter: Vermutlich wird aus den Krämpfen der Sinnlosigkeit und Langeweile etwas geboren werden, das eine ferne zweite Aufklärung, da die erste sich diskreditiert hat, kaum mehr beseitigen könnte. Das Sinken der Tötungshemmung, den Schwund der Gewissen allerorten muss sich die Aufklärung als ihren letzten Triumph zuschreiben lassen.

Günter Kunert

Aus: Günter Kunert: Verspätete Monologe. Carl Hanser Verlag, München 1984, S. 21 f.

Aufgaben

1. Geben Sie die wichtigsten Aussagen des Textes mit eigenen Worten wieder.

2. Ist die Aufklärung ein Täter, der sich selbst zum Opfer gefallen ist? Schreiben Sie auf der Grundlage des Textes von Günter Kunert eine Pro-und-Kontra-Erörterung. Gehen Sie so vor:
   - Sammeln Sie Pro- und Kontra-Argumente. Ergänzen Sie dabei eigene Argumente.
   - Ordnen Sie Ihre Argumente, nachdem Sie sich für eine Seite – Pro oder Kontra – entschieden haben.
   - Schreiben Sie Ihre Erörterung. Zitieren Sie dabei aus dem Kunert-Text.

Aufklärung im Zeitalter der Information

Rafael Capurro:
Aufklärung am Ende der Moderne (1991)

Kant verneinte damals die Frage, ob die Menschen in einem „aufgeklärten Zeitalter" lebten, er sah aber Anzeichen dafür, dass der Beginn eines „Zeitalters der Aufklärung", also der freien, öffentlichen, schriftlichen, kritisch-gelehrten Meinungen seinen Ausgang genommen hatte.
Und heute? Ist nicht dieser Traum der Aufklärung zumindest in den „westlichen Demokratien" (und allmählich, aufgrund der sich durch die „Perestroika" anbahnenden Liberalisierung – auch im Osten) zum großen Teil Wirklichkeit geworden? Und ist die Realisierung dieses Traums von „Öffentlichkeit" im kantischen Sinne zunächst durch die Gutenberg-Technik, zuletzt aber, in Gestalt der Informationstechnologie in einem früher kaum vorstellbaren Grad von Universalität „möglich" geworden? Lässt sich die Informationstechnologie so, also im Sinne einer gesteigerten Form von Aufklärung durch am Bildschirm flimmernde Mitteilungen deuten? Oder sind vielleicht die Bildschirme die falschen Propheten unseres Jahrhunderts, indem sie den Menschen (in Ost und West, Nord und Süd) den Anschein, im „Zeitalter der Aufklärung" zu leben, geben, während sie in Wahrheit Kritik und Pluralität ersticken, ja die Freiheit der Kritik unter die Herrschaft nicht mehr (bzw. nicht nur) des Fürsten oder des Geistlichen, sondern eben der Maschine stellen, jenem Menschen, der, wie Kant am Schluss seiner Abhandlung schreibt, „nun mehr als Maschine ist"?
Wie steht es also, so lautet meine Frage, mit der Aufklärung im Zeitalter der Information? Inwiefern kündigt sich in unseren elektronischen Speichern und Netzwerken das Ende im Sinne von Vervollkommnung und/oder Zerstörung der Aufklärung bzw. ihrer wesentlichen Bedingung – der „Öffentlichkeit" kritischer Mitteilungen – an? Oder, anders gefragt, inwiefern liegt hier unsere, wie der italienische Philosoph Gianni Vattimo schreibt, einzige „Chance", vorausgesetzt, wir finden die Perspektive, von wo aus wir am „Ende" der Moderne zugleich eine alte Botschaft vernehmen, die uns helfen kann, Herkunft und somit auch Zukunft unseres Zeitalters zu entziffern?

Rafael Capurro: Aufklärung am Ende der Moderne. In: Jörg Albertz (Hrsg.): Aufklärung und Postmoderne – 200 Jahre nach der Französischen Revolution das Ende aller Aufklärung? Bd. 11 der Schriftenreihe Der Freien Akademie, Berlin 1991, S. 129.

Aufgabe

1. Erörtern Sie die Frage, wie es um die Aufklärung im Zeitalter der Information bestellt ist. Entwickeln Sie Argumente aus den vielen Fragen, die Capurro aufwirft, beziehen Sie eigene Erfahrungen mit ein und nehmen Sie am Ende Ihrer Erörterung persönlich Stellung.

Der „Kampf der Kulturen" in der Gegenwart

Aufgaben

1. 1998 erschien ein Buch eines amerikanischen Politikwissenschaftlers, das für viel Aufsehen sorgte. Schon der Titel klang reißerisch: „Kampf der Kulturen".
   Überlegen Sie, worauf sich dieser Titel beziehen könnte.

Samuel P. Huntington: Kampf der Kulturen (1998)

Die Menschen sprechen von der Unregierbarkeit der Welt. Der Aufstieg transnationaler Wirtschaftsunternehmen geht zunehmend einher mit der Ausbreitung transnationaler krimineller Mafiastrukturen, Drogenkartelle und terroristischer Banden, die gegen die Zivilisation gewaltsam vorgehen. Recht und Ordnung sind die ersten Vorbedingungen einer Zivilisation und in vielen Teilen der Welt – Afrika, Lateinamerika, der früheren Sowjetunion, Südasien, dem Nahen Osten – scheinen sie sich aufzulösen, aber auch in China, Japan und im Westen in schwere Bedrängnis zu geraten. Weltweit scheint die Zivilisation in vieler Hinsicht der Barbarei zu weichen und es entsteht die Vorstellung, dass über die Menschheit ein beispielloses Phänomen hereinbrechen könnte: ein diesmal weltweites finsterstes Mittelalter.

In den fünfziger Jahren mahnte Lester Pearson, die Menschen seien auf dem Weg in „ein Zeitalter, wo unterschiedliche Zivilisationen lernen müssen, nebeneinander in friedlichem Austausch zu leben, voneinander zu lernen, die Geschichte, die Ideale, die Kunst und Kultur des anderen zu studieren, einander gegenseitig das Leben zu bereichern. Die Alternative auf dieser kleinen, übervölkerten Welt heißt Missverständnis, Spannung, Kampf und Katastrophe." In der heraufziehenden Ära sind Kämpfe zwischen Kulturen die größte Gefahr für den Weltfrieden und eine auf Kulturen basierende internationale Ordnung ist der sicherste Schutz vor einem Weltkrieg. Die Zukunft des Friedens und der Zivilisation hängt davon ab, dass die führenden Politiker und Intellektuellen der großen Weltkulturen einander verstehen und miteinander kooperieren.

Im Kampf der Kulturen werden Europa und Amerika vereint marschieren müssen oder sie werden getrennt geschlagen. In dem größten Kampf, dem globalen „eigentlichen Kampf" zwischen Zivilisation und Barbarei sind es die großen Weltkulturen mit ihren großen Leistungen auf dem Gebiet der Religion, Kunst und Literatur, der Philosophie, Wissenschaft und Technik, der Moral und des Mitgefühls, die ebenfalls vereint marschieren müssen, da auch sie sonst getrennt geschlagen werden.

Samuel P. Huntington: Kampf der Kulturen. Die Neugestaltung der Weltpolitik im 21. Jahrhundert. Übers. v. Holger Fliessbach. Siedler, München 1988, S. 528–531.

2. Fassen Sie die Kernaussagen des Textes zusammen.

3. Bewerten Sie Huntingtons Lösungsvorschlag.

4. Huntingtons Aussagen stammen aus dem Jahre 1998. Begründen Sie, ob sie auch heute noch uneingeschränkt zutreffen.

5. Beurteilen Sie den Text vor dem Hintergrund des Fortschrittsoptimismus, der die historische Epoche der Aufklärung kennzeichnet. Gehen Sie dabei, wenn möglich, auch auf die Hauptaussage von Lessings „Ringparabel" (Seite 51 ff.) ein.

6. Schreiben Sie einen Brief an Huntington, in dem Sie mit den Ideen der Aufklärung argumentieren und auf die aktuelle weltpolitische Lage eingehen, so wie Sie sie wahrnehmen.

Vernunft und Emotion – Gehirnforschung I

Adelheid Müller-Lissner:
Vernunft und Verführung – Der Fall Susanne Klatten: Im Reich der Gefühle (2008)

Warum fallen auch vernünftige und kluge Menschen auf Verführung herein? Die Frage, warum Gefühle stärker sind als die Vernunft, beschäftigt Hirnforscher wie Psychologen.

„Wenn die Leidenschaft zur Tür hereintritt, rettet sich die Vernunft durchs Fenster." Mag sein, dass das Sprichwort seine Berechtigung hat. Erklärt ist damit aber noch nichts. Denn wer lässt die starken Gefühle überhaupt zur Tür rein? Woher kommt es, dass auch Menschen verführbar sind, die mit viel Intelligenz und abwägendem Verstand gesegnet sind, die in ihrem bisherigen Leben als zurückhaltend und klug galten? Das haben sich viele gefragt, als in den letzten Tagen die Geschichte der reichsten Frau Deutschlands, der 46-jährigen Milliardärin Susanne Klatten, durch die Medien ging. Wie konnte die verheiratete Mutter dreier Kinder an einer Hotelbar auf einen Mann mit derart ausgeprägter krimineller Energie hereinfallen?

Dass René Descartes den Menschen mit seinem Diktum „Ich denke, also bin ich" nur ungenügend charakterisierte, weil er die Welt der Gefühle damit weitgehend ausblendete, ist in den letzten Jahrzehnten immer klarer geworden. Nicht zuletzt die „Hirnscanner", die Bilder von Erregungszuständen im Gehirn liefern, machen Emotionen für Hirnforscher zum spannenden Thema. Faszinierend ist dabei das komplexe Zusammenspiel zwischen Nervenzellen und chemischen Botenstoffen.

Eines ist klar: Emotionen sind stammesgeschichtlich älter als die „kühle", kognitive Art der Informationsverarbeitung. Und ohne intuitive „Bauch"-Entscheidungen – an denen in Wirklichkeit wichtige Teile des Gehirns beteiligt sind – ist vernünftiges Handeln nicht möglich. Der amerikanische Neurologe Antonio Damasio konnte zeigen, dass Patienten mit einem hohen Intelligenzquotienten sich bei lebenspraktischen Problemstellungen völlig hilflos zeigen, wenn bei ihnen Hirnregionen ausgefallen sind, die für die emotionale Bewertung von Situationen zuständig sind.

Offensichtlich können aber Gefühle auch dermaßen in die Irre führen, dass etwa eine Frau mit einiger Lebenserfahrung sich in einen Betrüger verliebt, der es nur auf ihr Geld abgesehen hat. Und das zunächst, weil Eindrücke wie der eines schönen Gesichts, einer angenehmen Stimme und eines zugewandten Auftretens in unserem Gehirn Vorrang genießen. „Wenn ein Reiz emotional ist, wird er schneller und effektiver verarbeitet als eine neutrale Information", sagt die junge Psychologin Annekathrin Schacht, die gemeinsam mit Werner Sommer am Institut für Psychologie der Humboldt-Universität das Projekt „Emotionen in der Wort- und Gesichterverarbeitung" leitet. Das geschieht automatisch. Und es geschieht auch außerhalb von schummrigen Bars, im vermeintlich sachlichen Ambiente eines Konferenzraums oder eines U-Bahn-Waggons. „Eine unserer neuen Studien liefert sogar Hinweise darauf, dass Gesichtsausdrücke noch schneller ausgewertet werden, wenn unser kognitives System durch andere Aufgaben maximal ausgelastet ist", sagt Emotionspsychologin Schacht.

Das könnte bedeuten, dass, wenn jemand gerade sehr mit dem Verstand unterwegs ist, er für emotionale Signale besonders empfänglich ist. Auf der Suche nach einer Erklärung für das Dauervorfahrtsrecht der emotionalen Bewertung hilft der Aspekt der evolutionsbiologischen Zweckmäßigkeit weiter. „Wahrscheinlich beinhaltet es einen Überlebensvorteil, wenn das Gehirn emotionale Reize wie die Attraktivität und den Gesichtsausdruck einer anderen Person schnell verarbeitet", sagt Schacht. Dass das rasche Abchecken der Attraktivität einer Person des anderen Geschlechts den Reproduktionserfolg unserer Vorfahren erhöhte, liefert uns allerdings nicht wehrlos Verführern jeder Art aus. „Studien haben gezeigt, dass man lernen kann, echte Gefühle von nur vorgespielten zu unterscheiden", sagt der Psychologe Philipp Kanske, der am Max-Planck-Institut für Kognitions- und Neurowissenschaften in Leipzig forscht. Allerdings seien Männer etwas besser darin trainierbar, Wahrheit und Betrug zu unterscheiden.

Ausgerechnet wenn der Einsatz hoch ist, scheinen Menschen leichter auf Betrüger hereinzufallen. „Wir neigen dazu, Dinge als besser zu bewerten, für die wir viel bezahlen müssen und viel aufs Spiel setzen", sagt Kanske. Heute kann man sogar im Scanner zeigen, dass dann eine Region des Gehirns besonders stark aktiviert wird, die bei Konfliktaufgaben im Spiel ist, der anteriore cinguläre Kortex. Dabei gebe es allerdings große Unterschiede zwischen Individuen, die sicher auch eine genetische Grundlage haben, betont der Forscher. „Wer mehr von dem Botenstoff Dopamin zur Verfügung hat,

Fortsetzung von Seite 75

Vernunft und Emotion – Gehirnforschung I

kann mit solchen Konfliktaufgaben besser umgehen."

„Im Zustand leidenschaftlicher Verliebtheit, wenn man das Objekt der Begierde überbewertet, gibt es allerdings immer dramatische Veränderungen in der Wahrnehmung", sagt FU-Psychologieprofessor Peter Walschburger. Etwas ganz anderes kommt hinzu: Das Risiko, einem Betrüger und Erpresser dieses Kalibers zum Opfer zu fallen, steigt mit dem Kontostand. Wo nichts ist, hat der Erpresser seine Chance verloren. Das mag ein Trost sein für alle, die weit weniger Geld als Sehnsucht nach Liebe und Glück aufzubieten haben. Es ist jedenfalls kein Zufall, dass ausgerechnet Deutschlands reichste Frau diesen schlimmen Reinfall erlebte. Und es ist auch kein Beweis für zu starke Leichtgläubigkeit.

Auf jeden Fall zeugt es aber von Mut und klarem Verstand, wie sie mit der Situation fertig wurde. In dem Moment, als ihr klar wurde, dass sie einen Betrüger vor sich hatte, schaltete sie die Polizei ein. Das Ende der Geschichte beweist: Auch wenn sie manchmal länger brauchen, sind klare Abwägungen nicht wirkungslos.

Außer den Emotionen spielt auch das, was Psychologen als „kognitive Regulation" bezeichnen, im Orchester der psychischen Fähigkeiten mit. „Es gibt zwei gleich gefährliche Abwege", hat der französische Philosoph Blaise Pascal schon im 17. Jahrhundert festgestellt, „die Vernunft schlechthin zu leugnen und außer der Vernunft nichts anzuerkennen."

Aus: Der Tagesspiegel 04.11.2008
http://www.tagesspiegel.de/weltspiegel/vernuenft-und-verfuehrung-der-fall-susanne-klatten-im-reich-der-gefuehle/1363808.html
(letzter Aufruf: 12.01.15)

Aufgaben

1. Gliedern Sie den Text in Sinnabschnitte und formulieren Sie jeweils eine passende Zwischenüberschrift.

2. „Ich denke, also bin ich" oder „Ich fühle, also bin ich"?
   Finden Sie für beide Positionen Belege im Text.

3. Erörtern Sie, welche Auswirkung ein „Dauervorfahrtsrecht der emotionalen Bewertung" auf Kants kategorischen Imperativ hat.

Immanuel Kant: Kritik der praktischen Vernunft (1778) – Der kategorische Imperativ

Handle so, dass die Maxime[1] deines Willens jederzeit zugleich als Prinzip einer allgemeinen Gesetzgebung gelten könne.

---

1 Maxime: Leitsatz, Grundsatz

Aus: Immanuel Kant: Kritik der praktischen Vernunft. In: Werke, Bd. 6. Hg. v. Wilhelm Weischedel. Wissenschaftliche Buchgesellschaft, Darmstadt 1968

Frei, sich seines eigenen Verstandes zu bedienen? – Gehirnforschung II

Christian Wolf: Frei oder nicht frei? (2012)

Im Alltag glauben wir, uns meist völlig frei entscheiden zu können. Doch offenbar gehen neuronale Prozesse den bewussten Beschlüssen voraus und lassen uns scheinbar keine Wahl. Ist Willensfreiheit also nichts als eine schöne Illusion?

In dem Science-Fiction-Film „Minority Report" von Steven Spielberg nimmt ein Polizist Mörder fest, bevor sie die Tat überhaupt begangen haben. Ihre Straftaten lassen sich angeblich mit absoluter Sicherheit vorhersagen. Als er selbst in Verdacht gerät, einen Menschen in naher Zukunft zu töten, versucht er verzweifelt, das Gegenteil zu beweisen, da er sich zu solch einer Tat überhaupt nicht fähig fühlt. Der Film greift damit ein klassisches Thema der Philosophie und der Wissenschaftstheorie auf: Ist der Mensch frei in seinen Entscheidungen oder stehen diese auf Grund vorangegangener Ereignisse bereits fest? [...]

In den letzten Jahrzehnten hat auch die Hirnforschung einen spannenden Beitrag zu der Debatte um die Willensfreiheit geleistet. In einem klassischen Experiment Anfang der 1980er Jahre untersuchte der Neurophysiologe Benjamin Libet von der University of California den Zusammenhang zwischen Hirnaktivitäten und Willensentscheidungen. Versuchspersonen sollten dabei die rechte Hand bewegen, sobald sie den Drang dazu verspürten. Mit Hilfe einer speziellen Uhr mussten sie diesen inneren Impuls datieren. Währenddessen registrierten die Wissenschaftler mittels Elektroenzephalografie das so genannte negative Bereitschaftspotenzial im motorischen Cortex – eine Hirnaktivität, die im Vorfeld von willkürlichen Bewegungen auftritt.

Erst Bereitschaftspotenzial, dann Entscheidung
Zu seiner eigenen Überraschung musste Libet feststellen: Das Bereitschaftspotenzial trat einige hundert Millisekunden vor der bewusst erlebten Handlungsabsicht auf. Einige Neurowissenschaftler und Philosophen schlossen daraus, dass nicht die bewusste Willensentscheidung, sondern unbewusste Hirnaktivitäten für die Handlungen eines Menschen kausal bestimmend sind.

Doch das Experiment und die Interpretationen gerieten im Laufe der Jahre immer wieder unter Beschuss. „Nach Ansicht einiger Hirnforscher entscheidet letztlich das Gehirn und nicht die Person", sagt Ansgar Beckermann, emeritierter Professor für Philosophie an der Universität Bielefeld. „Dahinter steckt ein sehr traditionelles Menschenbild: Ein Mensch könne demnach nur frei in seinen Entscheidungen sein, wenn immaterielle Willensakte eines Ichs die Handlungen kausal hervorrufen. Da das nicht der Fall ist, sprechen sie dem Menschen jegliche Willensfreiheit ab." Dabei sei es falsch, die Person und ihr Gehirn radikal voneinander zu trennen. „Ähnlich wie ein Mensch mit seinen Augen sieht, denkt und entscheidet er mit Hilfe seines Gehirns", so Beckermann. [...]

Sieben Sekunden schneller
Beinahe zeitgleich [2008] versuchten der Hirnforscher John-Dylan Haynes und seine Kollegen vom Bernstein Center for Computational Neuroscience in Berlin das Experiment Libets zu verbessern. Sie ließen 2008 ihren Freiwilligen im fMRT-Scanner[1] die Wahl zwischen einem linken oder einem rechten Knopfdruck. Außerdem nahmen sie das ganze Gehirn ins Visier und nicht nur Bewegungsareale. Um die möglicherweise im wahrhaften Sinne des Wortes entscheidenden Hirnaktivitäten auslesen zu können, nutzten sie eine spezielle Software. Sie war darauf ausgerichtet, Hirnmuster zu erkennen, die mit der Willensentscheidung in Verbindung stehen könnten. Tatsächlich „sagten" zwei Hirnregionen die bewusste Entscheidung sieben Sekunden „voraus", bevor die Probanden selbst von ihrem Beschluss wussten. Nach einer Vermutung von Haynes und seinen Kollegen ist ein Areal im frontopolaren Cortex die erste cortikale Stufe, auf der die eigentliche Entscheidung getroffen wird. Ein Areal im parietalen Cortex speichert dann den Beschluss, bevor er ins Bewusstsein gelangt.

„Wir haben im Alltag oft die Intuition, dass wir frei darin sind, die eine oder die andere Alternative zu wählen, zum Beispiel Kaffee oder Tee", kommentiert John-Dylan Haynes die Ergebnisse seiner Studie. „In solchen Fällen glauben wir nicht, dass der Ausgang dieser Wahl durch unsere Hirnaktivität vorherbestimmt ist. Es stimmt aber nicht, dass man sich jetzt völlig frei ohne vorherbestimmende Hirnaktivitäten für A oder B entscheiden könnte." Haynes fällt es im Alltag selbst oft schwer, sich

Fortsetzung von Seite 77 **Frei, sich seines eigenen Verstandes zu bedienen? – Gehirnforschung II**

vorzustellen, seine Entscheidungen seien komplett determiniert. Dennoch zählt er sich zu den Deterministen. […]

Tendenz oder Entscheidung?
Auch die Arbeitsgruppe von Christoph Herrmann wiederholte das Haynes-Experiment in einer noch unveröffentlichten Studie. Allerdings wollte sie herausfinden, ob die neuronale Mustererkennung letztlich nur einer versteckten Tendenz der Probanden beim Knöpfchendrücken auf die Spur gekommen war. Denn Menschen können Knöpfe nicht vollkommen zufällig und ganz unabhängig von dem vorangegangenen Tastendruck mehrmals hintereinander betätigen. Statt Hirnaktivitäten zogen die Forscher nur den jeweils letzten Knopfdruck der Probanden heran, um den nachfolgenden vorherzusagen.

Tatsächlich gab es zwei Typen von Versuchspersonen: solche, die überzufällig häufig zweimal nacheinander mit derselben Hand drückten und diejenigen, die die Hand ständig wechselten. Mit diesem Wissen kamen die Forscher auf eine ähnliche Trefferquote und ein ähnliches Zeitintervall wie Haynes und seine Kollegen. „Dass die Probanden natürlich im Gehirn speichern, was sie als Letztes getan haben, liegt auf der Hand", sagt Herrmann mit Bezug auf die von Haynes gemessenen Hirnaktivitäten. „Und dass Areale aktiv werden, die eine Handlung vorbereiten, ist ebenfalls klar." Damit sei also nicht die Willensfreiheit widerlegt. […]

Determiniert und trotzdem frei
Und was sagt der Philosoph zu Haynes' Behauptung, man könne sich in einer bestimmten Situation nur so und nicht anders entscheiden? Ist das Prinzip, jederzeit anders wählen zu können, nicht unabdingbar für Willensfreiheit? „Ich glaube nicht, dass das der Kern dessen ist, was wir einem Menschen unterstellen, wenn wir ihn für etwas verantwortlich machen", so Ansgar Beckermann. „Diese Freiheit ist erstens unmöglich, aber zweitens auch gar nicht wünschenswert." Spreche nach reiflichem Überlegen alles für A und nicht für B und würde man dennoch B wählen, würde diese Entscheidung nicht auf Gründen beruhen und wäre somit zufällig, willkürlich und irrational.

„Für die Idee von Verantwortung und Freiheit ist für mich stattdessen entscheidend, dass Menschen im Allgemeinen über Kontroll- und Steuerungsfähigkeiten verfügen", sagt der Philosoph. […] der Mensch [sei] zumindest prinzipiell seinen Wünschen nicht hilflos ausgeliefert. Vielmehr habe er die Fähigkeit, vor dem Handeln innezuhalten, zu überlegen und gemäß dieser Einsicht zu handeln. „Eine so verstandene Idee von Willensfreiheit wird durch die Experimente der Hirnforschung nicht berührt."

Aus: dasgehirn.info vom 29.05.2012
http://dasgehirn.info/entdecken/moral-und-schuld/frei-oder-nicht-frei-8200 (letzter Aufruf: 30.03.2015)

---

1 fMRT im engeren Sinn bezeichnet Verfahren, die aktivierte Hirnareale mit hoher räumlicher Auflösung darstellen können.

Aufgaben

1. Geben Sie die Thesen folgender Wissenschaftler jeweils in einem Satz wieder: Ansgar Beckermann, John-Dylan Haynes, Christoph Herrmann.

2. Erörtern Sie mit Bezug auf den Text, was für Sie zur Willensfreiheit gehört.

3. Nehmen Sie an, es sei wie in dem Film „Minority Report" möglich, das Handeln von Menschen vorherzusagen. Wäre es unter diesen Umständen moralisch vertretbar, einen Verbrecher zu verhaften, bevor er die Tat begangen hat? Nehmen Sie begründet Stellung.

Lösungen

Seite 9
Was ist Aufklärung? – Ein Definitionsversuch

zu 2:
Text 1 (oben) = C
Text 2 (links) = A
Text 3 (rechts) = B

Seiten 28 und 29
Georg Christoph Lichtenberg: Aphorismen

zu 1:
Wenn ein Buch und ein Kopf zusammenstoßen und es klingt hohl, ist das allemal im Buch?

Man spricht viel von Aufklärung und wünscht mehr Licht. Mein Gott, was hilft aber alles Licht, wenn die Leute entweder keine Augen haben oder die, die sie haben, vorsätzlich verschließen?

Es ist fast unmöglich, die Fackel der Wahrheit durch ein Gedränge zu tragen, ohne jemandem den Bart zu versengen.

Darf ein Volk seine Staatsverfassung ändern, wenn es will? Über diese Frage ist sehr viel Gutes und Schlechtes gesagt worden. Ich glaube, die beste Antwort darauf ist: Wer will es ihm wehren, wenn es entschlossen ist?

Es ist ja doch nun einmal nicht anders: Die meisten Menschen leben mehr nach der Mode als nach der Vernunft.

Wenn du die Geschichte eines großen Verbrechers liesest, so danke immer, ehe du ihn verdammst, dem gütigen Himmel, der dich mit deinem ehrlichen Gesicht nicht an den Anfang einer solchen Reihe von Umständen gestellt hat.

Wir verbrennen zwar keine Hexen mehr, aber dafür jeden Brief, worin eine derbe Wahrheit gesagt ist.

Ein Buch ist ein Spiegel; wenn ein Affe hineinsieht, so kann kein Apostel herausgucken.

Ich kann freilich nicht sagen, ob es besser werden wird, wenn es anders wird; aber so viel kann ich sagen, es muss anders werden, wenn es gut werden soll.

Ist denn wohl unser Begriff von Gott etwas weiter als personifizierte Unbegrifflichkeit?

Dass in den Kirchen gepredigt wird, macht deswegen die Blitzableiter auf ihnen nicht unnötig.

Es ist eine traurige Liebe, wo man zum ersten Mal im Grab miteinander zu Bette geht.

Sagt, ist noch ein Land außer Deutschland, wo man die Nase erst rümpfen lernt als putzen?

Ich fürchte, unsere allzu sorgfältige Erziehung liefert uns Zwerg-Obst.

zu 3:
Ein Aphorismus (gr. *aphorizein* = abgrenzen, abstecken) ist ein pointiert formulierter Gedanke, der in geistreich witziger Weise und oft in einem einzigen Satz eine überraschende Erkenntnis ausdrückt. Indem er einer Aussage eine unerwartete und verblüffende Wendung gibt, fordert der Aphorismus kritisches Nachdenken heraus. Witz und Durchschlagskraft erzielt er mit wirkungsvollen rhetorischen Figuren wie Paradox, Antithese, Metapher, Parallelismus und Ironie.

Seiten 31 und 32
Das Epigramm – Pfeile statt Speere

zu 2:
Das Epigramm (gr. *epigramma* = Inschrift, Aufschrift) ist ein kurzes Gedicht, das einen Sachverhalt in geistreicher Weise erläutert. Häufig geschieht dies in Form von Versen. Aufgrund des moralisch-belehrenden Charakters erfreute es sich im Barock, der Aufklärung und der Weimarer Klassik großer Beliebtheit.

zu 3 und 4:
Barocker Text: „Der Tod ist's beste Ding" von Angelus Silesius
Texte der Aufklärung:
Gottlieb Konrad Pfeffel: Gruß und Gegengruß
Gotthold Ephraim Lessing: Thrax und Stax
Abraham Gotthelf Kästner: Das Denkmal
Johann Ludwig Wilhelm Gleim: Ist er ein Mensch? …

Seiten 33 und 34
Gedichte der Anakreontik und der Aufklärung

zu 1:
Friedrich von Hagedorn „Die Küsse":
[…]
Für einen Kuss, den ihr Geliebter
Umsonst an Doris überließ.

Christian Felix Weisse
„Doris und Damon":
[…]
Aber willst du mir auch schwören,
Ewig jung und schön zu sein?

Lösungen

zu 5 und 6:
Gotthold Ephraim Lessing
„Nix Bodenstrom":
[…]
Versetzte Nix. „Indes, indes! Ei nun!
Das Nämliche kann Euer Weibchen tun –
Denn, Herr, was braucht's dazu für Zeit? –
Indes Ihr auf der Börse seid."

Seiten 36 und 37
Christian Fürchtegott Gellert: Vom Nutzen der Fabel

zu 1:
nutzt; vergnügt; Wahrheit; das menschliche Herz; Gebildeten; Jugend; Gelehrte; scharfsehende; der Jugend; junger; Erwachsene; weibliche; philosophischen; kurz

zu 4 und 5:
Christian Fürchtegott Gellert:
Das Pferd und die Bremse
[…]
Auf sich den Hass der Niedern laden,
Dies stürzet oft den größten Mann.
Wer dir als Freund nicht nützen kann,
Kann allemal als Feind dir schaden.

Seiten 38 und 39
Gotthold Ephraim Lessing – Fabeln in den Schulen

zu 5:
[…] „Das ist ja noch schlimmer! Dann muss ich dich verschlingen, weil du mich nicht gewählt hast."

Seiten 42 und 43
Staatskritik in Fabeln

zu 3 und 4:
[…] Der Friede ward geschlossen und nun fielen sie über ihre Anhänger her. „Euch fresse ich", sprach der Löwe, „weil ihr gegen mich wart." – „Und ich euch", sagte der Tiger, „weil ihr zu feig wart, euch selbst zu wehren."

Seite 71
Karl Jaspers: Wahre und falsche Aufklärung

zu 3:
falsche; wahre; falsche; Falsche; Wahre